# お金が貯まる心を育てる 貯めマインド

［監 修］根本裕幸（心理カウンセラー）
森 朱美（FP）
［イラスト］すぎやまえみこ

# はじめに

家計簿をつけて貯金しようと思ったのに、三日坊主で終わってしまった…そんな経験はありませんか？

お金の使い方や貯め方には、あなたの「心のクセ」が表れます。

何にどれくらいお金を使って、どれをガマンするのか。あるいは、ガマンせずになりゆきでお金を使うのか。それらはつまり、あなたの価値観そのもの。だからこそ、世間一般の節約術や貯金術があなたに合うとは限らず、変えようと思ってもうまくいかずに元の状態に戻ってしまうのです。

そもそもお金が貯まらない原因は、人それぞれ。ストレスから散財しやすい人は、節約を頑張るよりもストレスをうまくコントロールすることが、貯まる近道だったりします。そこで本書では、お金の使い方を心理面から見直し、あなたに合った「貯めマインド」（お金が貯まる心の状態）を育てる方法を紹介します。

収入が増える見込みがないのに、税金は上がる。

年金だけでは将来生活していけないかもしれない。

私たちを不安にさせるニュースを挙げていくと、キリがありません。しかし、心理面から根本的にお金と向き合うことで、ただ心配するのではなく、有効な手を打つこともできるのです。

本書では、「貯めマインド」を中心に、節約のヒントや貯金のコツなども紹介します。貯金ゼロの状態から取り組める手軽なものがほとんどです。自分に合うものをムリなく取り入れましょう。また、保険の種類から投資情報まで、知識として押さえておきたいお金の情報を最後の章にまとめています。

お金についての不安を解消し、一生困らない「貯めマインド」を身につけていただけると幸いです。

あーお腹いっぱい
のぞみ（29）
一人暮らしの
OL
デザートどうする？
私はやめとくけど
咲先輩（33）
一児の母
最近忙しかったし
ご褒美も大事だし！
すみませーん
ケーキ1つ♫
そういえば先輩、
マンション購入
するんですよね
夫と物件を
見てるんだけどね
都内は高いね…
あ、そういえば
これ知ってる？
貯めマインド？
貯め
マインド
貯金の悩みとか
聞けるんだって
ふーん
とりあえず
アプリ入れとこ
ポチ
○○駅

コンビニ
寄ろうっと
新作のカフェラテ♪
24H
ピローン
ピロン♪
ともこの結婚式、
余興どうする？
あっ！
ともこの結婚式、
来月だ…
お金あったかな？
ヤバイ！
貯金ない
のぞみのマンション
そうだ
あのアプリ
使ってみよ
貯めマインド
ない
貯金は？
ある
ない
ポチッ
貯金？ あるわけない
アナタ
知らない間に
お金がなくなっていく、
そうなっていませんか？
ジャーン
どうして
私の心が読めるの!?
てか誰!?
根尾です
こまかいことは
気にしないで
マンガだから
はあ…
ワン
カウンセラーとして20年、
いろいろな人のお悩みを
解決してきましてね
その中で
お金が貯まるマインドを
見つけたんです！
この子はサチ
アシスタントです
なんですって!?
よくわかんないけど
今すぐ教えて!!

## chapter 1

# お金が貯まらない理由を知ろう

chapter 2

# 1週間でお金への苦手意識をなくす

chapter 3

# 1か月で貯めマインドを身につける

chapter 4

# お金プランを立てて幸せになろう

chapter 5

# 知っていると役に立つ お金の知識

## キャラ紹介

**のぞみ（29）**

一人暮らしのOL。美味しいものとファッションが大好きで、ついつい散財しがち。

**咲先輩（33）**

のぞみの会社の先輩で、一児の母。のぞみの相談に乗ってくれる、頼れる存在。

**優子（27）**

のぞみの会社の後輩。しっかり者の頑張り屋さんで、節約に励んでいる。

**タカシ（30）**

のぞみの彼。ちょっと優柔不断なところはあるものの、優しく穏やかな性格。

**根尾先生・サチ**

お金に不安を抱える人の悩みに答えるカウンセラー。お金が貯まる「貯めマインド」を日々研究する。アシスタントのサチと活動中。

※本書は2019年7月現在の情報をもとに編集・制作しています。
変更の可能性がありますので、最新情報については関連機関で確認してください。

chapter 1

# お金が貯まらない理由を知ろう

でも
どうして
カウンセラーの先生が
お金のことを？
心の専門家じゃ…
お金の使い方は
性格や
ライフスタイルと
深いつながりが
あるんです
たとえば
こうです
がんばったし♪
新作だし♪
飲み会来ない？
いいね♪行くよ!!
今月3回目…
私ご褒美多め…
ストレスをためやすい人
→ 自分へのご褒美多め
流されやすい人
→ 誘いを断れずに
交際費がかさむ
そっか!!
じゃあ
家計簿をつけたり、
投資？とかで
お金を増やせば
私でも貯められる？
ね♪
ストップ
これまでに
家計簿を
つけたことは？
キラ
ウー
何度もあります…
そして挫折も…
どーーん
家計簿
かけいぼ
ワン!!

家計簿や財テク情報に
手を出しても
結局挫折してしまう人は
ぜんぜん
入ってこない…
こうした方法が合わずに
無理をしているから
そんな…
じゃあ私なんて
一生貯められないかも…
がくーん…
大丈夫!!
無理なく貯める方法は
あります！
そもそも
貯まらない行動を
とってしまうのは
その元となる
心のクセがあるから
高価なコスメを
集めてしまう
それは
自信のなさが
原因だったりする
私なんて…
高いもの
使わなきゃ
どう?
じゃあ
心のクセを直せば
パァ…
行動も変わる…?
ってこと?
♪ピンポーン
そのとおり！
だからこそ
心の問題を
解決するのです

でも、そもそも収入が少ないと貯まらないんじゃ
ずーん…
ブッブー
いえいえ 収入が少ないから お金が貯まらない というのはウソです
チッチッ
年収1000万円の人の7%以上が貯蓄ゼロなんですよ
年収1000万円以上1200万円未満の2人以上世帯の金融資産保有額
0円 (7.3%)
出典：金融広報中央委員会「家計の金融行動に関する世論調査」平成30年版より
!!
そうなの!?
自分の家計を把握できていなかったり
リッチなライフスタイルをやめられなくて貯金できない人もいるんですね
ブランド服
いつも外食
高級車
銀行
貯まってない
貯まらない行動をとり続ければ いくら収入があっても 結局貯まりません
たしかに…私もあれば そのぶん使いそう…
ウ〜

でも!!
心のクセを直せば
収入が少なくても
大丈夫!!
自分の好きなものを買って
心も体も大満足で
みるみるお金も貯まっていく
それこそが
これから紹介する
『貯めマインド』です
そ、それって
すっごい
頑張らないと
いけないいんじゃ
お風呂は3日に1回とか
毎食自炊とか…
いえいえ!
ガマンもムリな節約も
いりません!
だれでもできますよ
そうなの!?
ではまず
貯まらないタイプの
チェックを…
大きく分けて
5つあって…
ウ〜
お金が貯まったら
あれ買って
これ買って…
ふふふ
ワン
ワン
げ、現状を
知ることから
始めようね

# お金と心の深～い関係

突然ですが、あなたはお金について、悩みや不安がありますか？

・貯金をしたいのに、なかなかお金が貯まらない。
・ついつい衝動買いをしてしまい、給料日前になると、やりくりに困る。
・SNSなどで他人の動向が気になり、流行りのものに手を出しがち。

もし今より収入が増えてお金持ちになれば、こうした悩みから解放されると思うかもしれません。しかし、お金のことで悩んでいたり、専門家に相談したりする人の中には、高収入の人も少なくないのです。

どうしてこのようなことが起こるのでしょうか。それは、お金があなたの心を映す鏡だからです。自分にガマンさせてばかりの人は節約と散財をくり返したり、不安になりがちな人は必要以上の備えをして、今を楽しめなかったり…。お金の使い方や貯め方には、その人の心すべてが表れているのです。

お金に対して面倒だとか不安というような気持ちを持っていると、それがお金の使い方という行動にも表れます。心とお金は密接につながっているのです。

お金についての悩みを解消し、お金に困らない生活を送りたいと思ったら、まずは自分の性格タイプや行動パターンを見直すことが大切です。無理な節約も、たくさんの財テク情報も、あなたに合っていなければ意味がありませんし、そもそも続きません。お金と上手に付き合えるマインドを育てることができれば、無理なく自然にお金は貯まってきます。

まずは、あなたのお金の使い方のパターンを知る方法を紹介します。次のページのチェックリストをもとに、お金との付き合い方を見直し、お金が貯まらない理由を探ってみましょう。

# あなたのお金タイプは？

当てはまるものにチェックをつけ、あなたのお金タイプを見つけましょう。

A

□とくに用事はなくても、1日に1回はコンビニに寄ってしまう
□ついやけ食いをしてしまうなど、衝動的に行動しがち
□頑張ったあとは、自分へのご褒美が欲しい
□口グセは「せっかくだから、ちょっといいものを買おう」
□自分はいつもガマンしていると思う

B

□SNSがないと生きていけない
□「人気商品」や「売上ランキング1位」などの売り文句に弱い
□他人にケチだと思われるのはイヤ
□飲み会や食事会に誘われると、断れない
□落ち込むと、「どうせ自分なんて…」と思ってしまう

## C

□勉強や習い事など、自分への投資は惜しみたくない
□半年以上続かなかった習い事が5つ以上ある
□自己啓発本や偉人の名言集などを読むのが好きだ
□「意識が高いね」と言われたことがある
□自分の「天職」がどこかにあるはずと思っている

## D

□お金がなくなることが何より不安
□そこそこ節約をしている方だ
□保険にはお金をかけている
□株や投資と聞くと、恐ろしいものだと感じる
□日用品のストックがたくさんあると、安心する

## E

□毎月の収入と支出がどのくらいかわからない
□お金のことを考えるのは、面倒だ
□先のことより、今の楽しみが大事
□計画を立てるのが苦手だ
□お金に困ったら、家族や知人が助けてくれると思う

**当てはまるものが多いのが**

**A → P22**　**B → P24**　**C → P26**　**D → P28**　**E → P30**

※数が同じときは、複数のページを参照

お金タイプ❶

# ストレスためて、ご褒美散財

頑張り屋さんな反面、ストレスをためやすい人がこのタイプです。頑張ったあとのご褒美が大好きで、何かするたびに、洋服やデザートを買っていませんか。「今月は買い物をしすぎたかな」と思っても、いざ欲しい物を目の前にすると、「最近仕事を頑張ったし」「プライベートで大変だったし」と自分に言い訳をして、結局買ってしまう…。それをくり返していると、なかなかお金は貯まらず、いざというときに、お金に困ることにもなりかねません。

このタイプの人の中には、節約モードと散財モードが交互にやってくる人も。いったん「節約しなきゃ」と思うとスイッチが入り、ガマンにガマンを重ねますが、ストレスがたまってやがて爆発。これまでの反動から、節約したぶんのお金をパーっと使ってしまい、大幅な赤字になってしまったりします。

このタイプの人は、自分のストレスのたまり具合に注意し、ストレスと上手に付き合うことがポイントです。

### 合言葉は「自分にご褒美」

基本は頑張り屋さんなので、仕事もプライベートも全力投球。頑張った後のご褒美に「ちょっといいもの」を買うのが楽しみ。

### 用はなくても買い物

「何かいいものはないかな？」とふらっと買い物。コンビニのお菓子やドリンクなど、細々とした出費が多く、把握できていない。

### ガマンすると、あとで爆発

しばらく節約すると、ストレスがたまって、物欲が爆発。節約モード→散財モード…のくり返しで、いっこうに貯まらない。

↓

**貯めマインドに近づくヒント❶**

自分を観察し、ストレス度合いをチェック。「最近忙しかったから、今日は定時で帰ろう」などと、早めの休息を心がけて。自分が喜びを感じられるものに敏感になり、「自分へのご褒美」を厳選しましょう。

お金タイプ❷

# つい他人と比較、見栄はり散財

他の人によく思われたいという気持ちが強く、ＳＮＳで「いいね！」がもらえることに大きな喜びを感じる人が、このタイプに当てはまります。なかにはとても社交的で、自分に自信があるように見える人もいますが、じつは自己肯定感が低めで、「買う」「買わない」の判断基準も他人の評価に左右されがちです（これを「他人軸」と言います）。

レビューの点数が高い商品や人気ランキングで上位の商品を深く考えずに買ってしまったり、「ケチだと思われたくない」「付き合いが悪いと思われたくない」と、他人の目を気にしてお金を使ってしまうことも。「自分はこれが欲しい」「自分はこうしたい」という気持ちを押し殺して他人に流されると、お金を使っているのになぜか満たされない気持ちになってしまいます。

外見や性格にコンプレックスを感じていて、そのことに関わる買い物をくり返してしまうケースも。買い物グセを見直して、買い物グセの奥に隠れた本当の気持ちを見つめてみましょう。

### 人気商品・オススメ商品に弱い

「自分はこれが好き」「これだけは譲れない」というポイントがなく、有名人が勧める商品や、人気ランキングで上位の商品にひかれる。

### コンプレックスから買い物

自己肯定感が低く、他人に認めてもらいたい。肌にコンプレックスがあると、同じようなコスメを買い集めてしまったりする。

### 交際費がかさみがち

誘いを断るのが苦手。「付き合いが悪いと思われたくない」という気持ちから、あまり乗り気ではない集まりにも参加しがち。

↓

### 貯めマインドに近づくヒント❷

「自分はこれでいいのだ」という気持ち（心理学では「自己肯定感」といいます）を持つことで、他人に流されての出費は減らせます。ムダな出費を抑え、満足できるお金の使い方ができるようになるでしょう。

お金タイプ❸

# 意識高い系、自分探し散財

自分に向いている仕事や自分にぴったりのパートナーがどこかにいるはず…。そんな気持ちを胸に、仕事もプライベートも今より高いレベルを求める、向上心にあふれる人がこのタイプです。

自己啓発セミナーや習い事など「自分を高めてくれる」ものにお金を使う傾向があり、気づくとお金がなくなっています。高い洋服を買ったり豪華な旅行に行ったりと目立った贅沢をするわけではないので、散財や浪費をしているという感覚があまりありません。「将来のための投資だから」ととらえ、高額の出費にも罪悪感を持ちづらいのが特徴です。

よさそうと思ったものにすぐ飛びつきますが、飽きるのも早かったりします。そんなことをくり返し、自分探しスパイラルにハマってしまうことも…。

向上心はけっして責められるものではありません。自分への投資（インプット）と、それをどのように生かしていくか（アウトプット）のバランスを考えながら、自分を磨いていきましょう。

### 合言葉は「自分磨き」

自分磨きのための出費は惜しまない。将来に必要なお金を使っているという思いから、「散財している」という気持ちはない。

### 習い事はするが、続かない

習い事が大好き。いろいろ始めてはみるけれど、しばらくすると飽きてしまい、また次へ…をくり返すことも。

### 本当の自分はこれじゃない

「今の自分は仮の姿」という気持ちが強く、自分に合った仕事やパートナーを探し中。現状を変えられそうなものにすぐ飛びつく。

↓

### 貯めマインドに近づくヒント❸

自分への投資（インプット）と学んだことの発信（アウトプット）のバランスをとることが大事です。セミナーなどで得たことをアウトプットすることで、生きたお金を使えるようになります。

お金タイプ❹

# 不安が強い、転ばぬ先の散財

このタイプは、真面目で節約にも気を使っている人が多いでしょう。「贅沢は敵」とばかりに、欲しいものをガマンしたり、月々まとまった金額を貯金に回したりしている人も。しかしその一方で、お金に対して「不安」「心配」「怖い」などのネガティブな気持ちが強く、必要のない保険に入ったり、老後の備えを優先して今の楽しみをセーブしてしまう傾向があります。好きな言葉は、「安心」と「将来の備え」。保険や貯金など、自分を安心させてくれるものを大切にしています。

長い人生を生きるうえで、リスクを避けることは大切なことです。しかし、リスクを避けることばかりにお金を使い、楽しいことやうれしいことにお金を使えないと、日々の満足感が下がり、節約もただの苦行に…。

お金に対するネガティブな気持ちを取り払い、より前向きなお金の使い方ができるようになると、満足感が上がり、楽しく貯めることにもつながります。

### 心配性が散財につながる

いくつもの生命保険に加入していたり、必要のない保障オプションをつけていたりと、リスクを避けるためには出費を惜しまない。

### 今より将来を優先

「将来困らないように」という気持ちが強く、今楽しむことは後回しにしがち。お金を使う喜びを感じられていない。

### 貯金はあるが、使えない

日々の暮らしでは節約がモットー。お金が貯まっても、大きな買い物をするなんてもってのほかと、うまく使えずにいる。

↓

**貯めマインドに近づくヒント❹**

44ページから紹介するワークで、お金に対するネガティブな気持ちをなくしましょう。お金に対して前向きな気持ちになれると、心配性から散財をすることが減り、お金を楽しく使えるようになります。

お金タイプ⑤

# ノープラン、なりゆきまかせ散財

できることなら面倒なことはしたくないという、自由人タイプ。数字や計算が苦手で、自分の収入や支出をしっかり把握していません。家計簿をつけたことがなかったり、つけても三日坊主で終わったりするため、支出や貯金についてのルールや計画がなく、「ただ何となく」でお金を使っています。なりゆきまかせで支出をくり返すため、赤字になってしまうこともありますが、心のどこかで「何とかなるさ」と思っていたりします。

ちなみに、本人がこのタイプでなくても、パートナーがこのタイプだと、お金についての話し合いができず、気づけば家計が赤字になってしまうケースも…。

お金は面倒だという気持ちが心理的なブロックとなり、収支を把握することから目をそらしているケースが多いので、ブロックを取り除くことが大切です。一歩踏み出して、「自分でも、意外とやれるんだ」と自信をつけることをオススメします。

### 他人まかせで何とかなるさ思考

きっと誰かが助けてくれるはず、と楽観的。「夫（妻）が貯めているだろう」と考え、お金プランを話し合っていない夫婦も。

### 計画が苦手

計画を立てたり、実行したりすることが苦手。子どもの頃を思い出すと、お年玉やお小遣いをすぐに使い切ってしまった経験が…。

### 現状をわかっていない

毎月の収入と支出を把握できておらず、「先週、外食したっけ？」と出費を意識できていない。なりゆきまかせでお金を使っている。

↓

### 貯めマインドに近づくヒント❺

まずは状況の把握から。お金は面倒だという気持ちを解消し、ブラックボックス化している家計を「見える」化することが、お金を貯めるための最初の一歩になるでしょう。

休日
MALL
私はご褒美と見栄はりタイプだから気をつけないと…
ゴク…
タカシ(30) のぞみの彼
あ、新作だって
節電グッズコーナー
今日は服じゃなく、これ買うの!!
今度こそやるの!
またーっ
ビシッ
平日
今日飲みにいく人~
ハーイ
今日は子どもがお泊まり保育だし、久しぶりに行こうかな
ギク
わ、私は帰ります!!
流されちゃダメ
ピュー
のぞみちゃん?
さてと
今日の支出は…
あれ? 20円あわない?
もう〜〜
節約って面倒…
やだー!!

サチ!?
しゃべってる…?
そんなことだと思ったワン
ぬっ
ガバッ
お願いたすけて～
翻訳機能だワン
急に全部を変えようとするからだワン
今まで貯まらなかった人が極端にきちんとするとストレスたまるワン
すると反動で挫折するのよね～
じゃあどうすれば…
ドン
計算あわないストレス
ドン
飲み会行けないストレス
ドン
服買えないストレス
貯めることへのハードルを下げて、取り組みやすくすればいいワン
ラクラクとべるワン
おおっ
まずは心の準備から紹介
よし、私頑張る!
しゃーっ
ザバッ
家計簿の前にお財布の整理をしたほうがいいワン
ポイントカードだらけ…

心の準備

# 貯めたいと思ったら、まずはハードルを下げよう

## 心の準備から始めよう

自分の性格タイプや行動パターンが「貯まらない」に与える影響は大。しかし、性格や行動を変えるのはなかなか難しいもの。

まずは、貯めることへのハードルを下げ、取り組みやすくしましょう。

**いきなり家計簿にトライしない**

「ご褒美散財（タイプ①）」や「なりゆきまかせ散財（タイプ⑤）」の人に多いのが、苦手な家計簿に取り組んでうまくいかず、お金や節約への苦手意識だけが大きくなってしまうケースです。

目標は、家計簿をきっちりつけることではなく、お金と上手に付き合えるようになること。「家計簿は完璧につけなくてもいい」と割り切ることも、お金といい関係を続けるためには大切です。

**完璧主義を捨てる**

「自分探し散財（タイプ③）」や「転ばぬ先の散財（タイプ④）」は、目標を完璧にクリアしなければと自分にプレッシャーをかけがち。「こんなにゆるくて大丈夫？」と思うくらいの目標からでOK。

**1日のお金の流れを意識**

まずはデータ集めから。自分がどんなものにお金を使っているのかを知ることから始めましょう。

## いきなり家計簿は、挫折の元

**NG**

### 家計簿をきっちりつけようとする

支出のジャンル分けをしようとしたり、毎日きちんと記録しようとするのは、貯めグセがついていない人にはハードルが高すぎます。

### １円単位でつけようとする

支出額を細かく記録すると、合計が合わない…などの、ストレスの元に。

↓

**OK**

### 家計簿より、まずレシート

最初から家計簿をつけようとせず、買い物したレシートをためていくようにしましょう。ファイルや箱に入れていくだけでもOK。

家計簿をつけるのが苦手でも、レシートをクリアファイルに入れて保管し、あとで見直すだけで、お金の流れをざっくり把握することはできます。

## いきなりやろうとしすぎないのがコツ

NG

### 極端な行動に走る

お金タイプを直そうとしてガマンしすぎると、ストレスがたまって挫折しがち。お金や貯金への苦手意識がますます強くなります。

### 無理な目標を立てる

「食費を半額に！」といった無理な目標を立てると、心も暮らしも乱れます。達成できなかった…と自信を失うおそれも。

↓

OK

### まずは気づくだけでOK

「あ、ストレスで買い物しようとしてる」など、自分のクセが出てきたことに気づくだけでも、お金のクセをなくす一歩になります。

買い物グセに気づいても、自分を責めないで。責めるとイヤになって続きません。気づくことができたと自分をほめて、やる気アップにつなげましょう。

## いつもどおりの行動で、データを集めよう

NG

### 急にあらたまってガチガチに

節約を始めるからとガチガチに行動を制限してしまうと、いつもどおりの行動がとれず、自分のクセに気づくことができません。

### 失敗を恐れる

失敗してはいけない気持ちが強すぎると、「衝動買いはダメ」「オススメ商品を買ったらダメ」と、自分をがんじがらめにする結果に。

↓

OK

### いつもどおり、リラックスして

行動を改めようとするのではなく、データを集めて自分の買い物グセをあぶり出すくらいの気持ちで取り組みましょう。

あれはダメ、これもダメと制限から始めると、ストレスがたまるだけでなく、自分のクセにも気づけません。まずはデータを集めるくらいの気持ちでリラックス。

# みんなのお金データ①

あなたの周りの人は、どれくらいお金を貯めているのでしょうか？
統計データの一部を紹介します。

## 30代単身者の貯蓄額

30代の単身世帯の平均貯蓄額は、317万円。統計の真ん中に位置する中央値は40万円となっています。

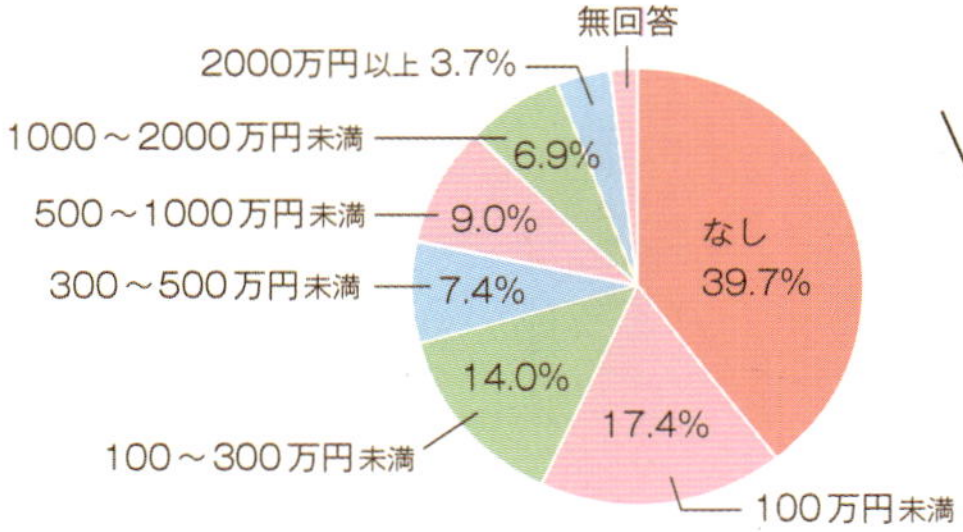

## 単身世帯の貯蓄額（全年代）

４割近い人が「金融資産（貯蓄）なし」と回答。統計の真ん中に位置する中央値は50万円となっています。

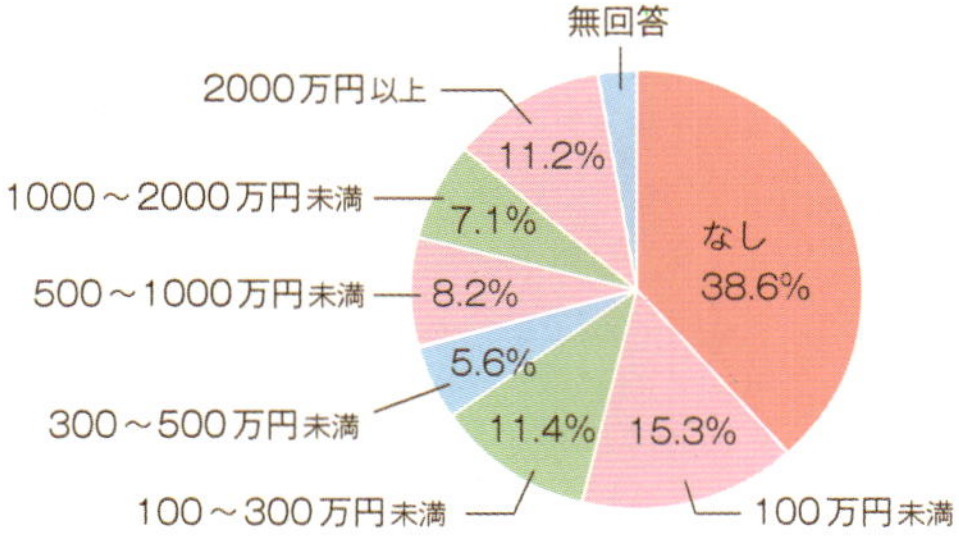


出典：金融広報中央委員会「家計の金融行動に関する世論調査」2018年版より
※預金等のほか、株などの金融資産も含めたデータです

chapter 2

# 1週間で
# お金への
# 苦手意識をなくす

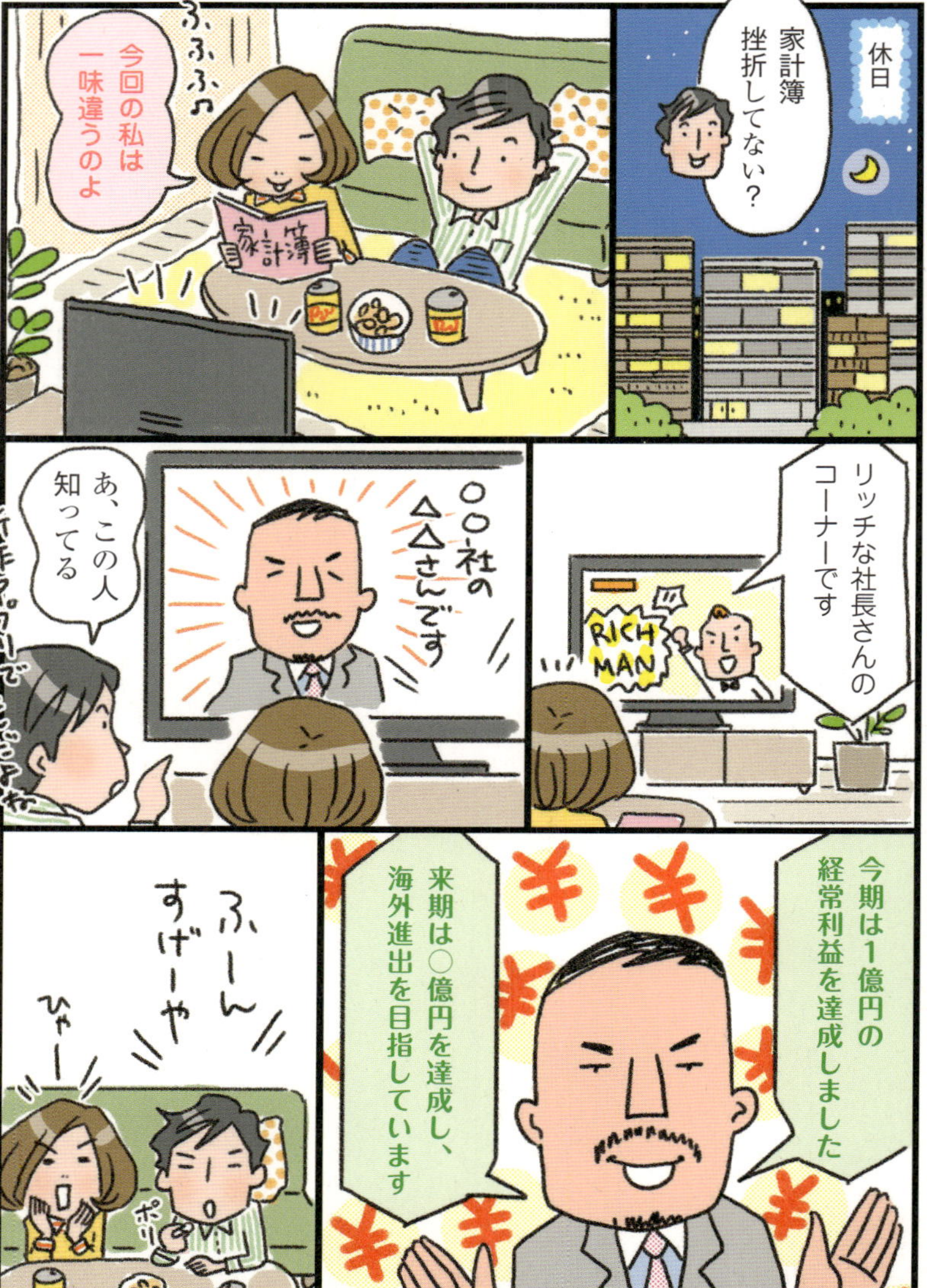
休日
家計簿挫折してない？
ふふふ♪
今回の私は一味違うのよ
家計簿
リッチな社長さんのコーナーです
RICH MAN
○○社の△△さんです
あ、この人知ってる
新作アプリで大成功したんだよね
今期は1億円の経常利益を達成しました
来期は○億円を達成し、海外進出を目指しています
ふーん
すげーや
ひゃー
ポリ
億円

いいなあ
こんなにお金があったら
欲しいものなんだって買えちゃうね
毎日フレンチ♪
海外旅行行きまくり〜の
ブランド品買いまくり♪
もし1億あったら
ブランド物いっぱい買って
旅行もしまくって
毎日フレンチでも
お金余っちゃう?
ひえ〜
そんなの3日で飽きちゃうよ
ぐびっ
お金はあるに越したことはないけど
お金の亡者になるのはね…
ふー汗かいた
ふきふき
うーん
たしかにそうかも
だから、僕らはこれでいいよね
カンパーイ
だね
ブブッ
ストーップ
誰!?
先生!!

あ、こちら貯めマインドを教えてくれている根尾先生
ども♪
サチだワン
アプリから出てくるの♪
びっくりした…
第一問!!
突然ですがお金は楽しいものですか?
楽しくは…
ないよね…
ね…
節約しなくちゃってキリキリしたり
ないない〜
ないから節約〜
給料下がったらどうしようって不安になったり
まって〜行かないで〜
では、1万円札の裏面には何が描かれているか、知っていますか?
第二問
表面は知ってるけど…
なんだっけ…?
二人とも、お金のことを気にしているようでいてじつはしっかり見ていないんです
これか
そうかも

お金に対してマイナスイメージがあると、苦手な人に接するときのようなマインドになり、お金を遠ざけてしまいます
怖い
なくなったら不安
やっかい
見るのも
考えるのもイヤ
貯まらない・稼げない・どんどんなくなる
するとますますお金が貯まらず、一層不安に…
ひぇ～っ
しゅん
でも大丈夫！
お金に対するイメージをポジティブにすれば、ラクに貯まるようになりますよ
スキスキ
じゃ、あのIT社長みたいになれるかも!?
ほんとはうらやましいんじゃん
よしっ

ワーク❶

# お金をじーっと見たことは?

この章では、お金に対するマイナスイメージをポジティブなものに変えることを目指します。好きな人に接するような気持ちでお金と向き合えれば、自然とお金を大切にする気持ちが生まれ、お金が貯まりやすいマインドを持てるようになります。

お金のイメージを変えるには、今のあなたのお金観を知ることが大切。まずは、簡単なワークを3つ紹介します。最初のワークは、お金をよく見るワークです。普段何気なく使っているお金ですが、じーっと見たことのある人は少ないのではないでしょうか。とくに、衝動買いをしたときなどは、罪悪感からパパッと支払いを済ませていたりするかもしれません。

ここでは、1万円札の表面と裏面をじっくり観察し、気づいたことを書き出してみましょう。どんなことでも構いません。自分のお金観を知るきっかけになるだけでなく、これからお金と向き合っていくんだという意識づけになります。

## お金をじーっと見てみるワーク

### 1万円札を用意する

1万円札を1枚、用意します。他の紙幣や硬貨でも構いませんが、日常的に使う機会が少ない1万円札がオススメです。

↓

### 3分間、お札をじっと見る

表面と裏面あわせて3分間などと時間を決めて、ゆっくり、じっくり見つめましょう。普段見ることの少ない細部にも目を向けて。

↓

### 気づいたことを書き出す

思いついたまま書き出してOK。思っていることを言葉にしていくうちに、お金に対する心の敷居が少しずつ低くなっていきます。

ワーク❷

# あなたのお金のイメージは？

２つ目のワークは、お金のイメージを紙に書き出すワークです。

あなたは、お金についてどのようなイメージを持っていますか。「なかなか手に入らない」「なくならないか心配」など、ネガティブなものもあるでしょう。一方、「好きなものを買える」「人を喜ばせることができる」など、ポジティブなものもありますね。

ポイントは、きれいに書こうとするのではなく、思いつくままに書き出すこと。他人にどう思われるかを気にせず、どんどん挙げていきましょう。

次に、お金を人にたとえてみます。高嶺の花の芸能人だったり、少し意地悪な同僚だったりするでしょうか。物語の中の登場人物など、架空の人物でも構いません。

人という具体的な形に表すこと（これを心理学では「シンボライズ」と言います）によって、お金というとらえどころのないものが、少しはっきりとしてくるのではないでしょうか。

## お金のイメージを書き出すワーク

### お金のイメージを書き出す

自分が持っているイメージを、思いつくまま書き出します。「不安」「豊かさ」といった単語でもいいので、7～10個程度考えてみて。

紙に書き出すことで、自分の中で言葉になっていなかったモヤモヤした感覚に気づけます。お金を見ながらすると、効果的。

### お金を人にたとえる

「アメリカのセレブ」「私の夢を叶えてくれる強い味方」など、具体的な人名でなくて構わないので、たとえてみましょう。

人にたとえることで、お金との関係を人間関係のようにとらえることができ、今の自分との距離感や親しみやすさがつかみやすくなります。

ワーク❸

# 子どもの頃のお金体験は？

最後に、あなたの子どもの頃のお金との関わりを振り返ってみましょう。

あなたは、もらったお小遣いをどのように使っていましたか。その日のうちにパーッと使ってしまい、後で困った苦い思い出。コツコツ貯めて欲しいおもちゃを買った日のこと。きょうだいのいる人は、同じようにお小遣いをもらっても、まったく違う使い方をしていたかもしれません。こうした思い出は、幼少期の「お金体験」ともいえるもの。子どもの頃の体験が生き方の土台になり、知らないうちに今のあなたに影響を与えているかもしれません。

あわせて、両親のことも思い出しましょう。ここでは、裕福だったかどうかという点より、両親がお金についてどんな接し方や発言をしていたかに注目します。振り返ると、「お母さんと同じ口グセをよく言ってる」など、今の自分とのつながりに気づくことも。

なお、親子関係の悩みが深刻なときは、無理に深掘りする必要はありません。気になるときは専門家に相談したり、専門書を読んだりすることをオススメします。

## 幼少期のお金体験を思い出すワーク

### 子どもの頃の「お金体験」は？

お小遣いやお年玉のやりくりをどうしていたか、思い出しましょう。今のお金の使い方に似ている部分があるかも。

### 親の「お金観」は？

両親のログセや買い物のときの様子を思い出しましょう。両親の仕事に対する姿勢も、お金を稼ぐことへのイメージにつながります。

### あなたの今の「お金観」は？

「計画性がないのは、子どものときから変わっていない」「母もよくお金がないと言っていたな」など、今の自分と照らし合わせて。

苦い経験を思い出すこともあるかもしれませんが、自分や誰かを責める必要はありません。できるだけフラットな気持ちで振り返って。

# お金のイメージをポジティブなものに変える

これまでのページで、３つのワークを紹介しました。ワークによって明確になったお金のイメージをもとに、お金に対する苦手意識をなくしていきましょう。

ワーク１ではお金をじっと見て、ワーク２ではお金のイメージを書き出しました。書き出したイメージの中には、ポジティブなもの、ネガティブなもの、そのどちらでもないニュートラルなものが混ざっていると思います。

まずは、その中にあるネガティブなイメージを、ポジティブなものに置き換えていきましょう。

たとえば「お金は汚い」というイメージを抱いているとします。普通、汚いものにはできるだけ近寄りたくないですし、見るのも嫌なはず。お金に対して汚いイメージがある人は、「お金に関わりたくないから、手に入らないようにする」「ムダづかいをして、なくしてしまう」「銀行に預けっぱなしにして、見ないようにする」など、無意識にお

ネガティブな言葉をポジティブな言葉に置き換えて、心の中で唱えます。
その言葉が自分の中にスッと入ってくるまで続けてみて。

金を遠ざけてしまうのです。お金が貯まらない背景には、こうした心理が影響しているかもしれません。

こうした行動を変えていくには、お金に対するイメージをポジティブなものに置き換える必要があります。「お金は汚い」を「お金はきれい」などに置き換えて、心の中で唱えましょう。

最初はしっくりこないと思いますが、くり返すことで、徐々になじんできます。寝る前などリラックスしているときに、1日10回くらいを目安に、まずは1週間続けてみましょう。

# お金を大切な人のように扱う

まずは、好きな人のことを思い浮かべてみてください。大好きな恋人でも、好きなアーティストでも構いません。その人の写真を持ち歩くとしたら、どのようにするでしょうか。くしゃくしゃにならないようにケースに入れて、すぐに見られるようにカバンのポケットなどに忍ばせ、取り出しては眺めるのではないでしょうか。

それでは、お金のことはどのように扱っているでしょうか。財布をのぞいてみましょう。

・お札がくしゃくしゃに入っていて、向きもそろっていない
・有効期限の切れたポイントカードが何枚もある

もしこうなっていたら、すぐに財布の整理をし、お金にとっても自分にとっても心地のいい状態をキープしましょう。

買い物などでお金を使うとき、銀行でお金を引き出すときなどに、好きな人に接するような気持ちで接してみましょう。自然と大切にする気持ちが芽生えてきます。

ほかにも、財布を好きなデザインのものに変えたり、財布の中を常にきれいに保つように気にかけたりすることで、お金との心の距離が徐々に近づいてくるでしょう。

財布の中に好きな人がいると思えば、気持ちがいいはずです。苦手な人や嫌いな人とギクシャクするイメージではなく、より自由に、ポジティブに付き合うイメージで。ムダづかいが減り、お金を大切に扱えるようになります。

# 親の「お金観」の影響から離れる

ここでは、ワーク3の両親との関係をもう少し見てみましょう。あなたのお金観は、あなたが独自に打ち立てたものではありません。親に育ててもらった期間に、親がお金をどう扱っていたのかが刷り込まれているのです。

たとえば、「お金をたくさん持っていると、だまされて取られちゃうよ」とか、「あの人はケチで性格が悪いからお金持ちになったのよ」などの言葉を聞かされて育つと、子どもはお金を持つことが悪いことのように感じます。まだお金についてよくわからないうちに、お金についてネガティブなイメージがついてしまうのです。

だまされて取られるくらいなら、お金を持たないほうがいいと思ったり、お金持ちになるのは嫌なやつになることだと思ったり。そうすると、成長して自分でお金を稼げるようになっても、お金を貯めることができなかったり、成功するチャンスをみすみす逃してしまったりします。

幼少期に親がガマンして節約していたのを見ていると、節約や貯金は苦しいものというイメージが刷り込まれ、大人になってから反対の行動をとってしまうことも。

無意識にあなたを縛っている親のお金観があるのなら、それに気づくことで、気持ちを解放し、別の行動がとれるようになります。今のあなたの行動が過去にとらわれたものでないか、振り返ってみましょう。

今のあなたは、子どものときとは違います。自分の力でお金を手にしたり、欲しいものを買ったりできるはず。

親のお金観のとおりに行動してしまっていると感じたら、「自分は自分、親は親」と心の中で唱え、過去にとらわれがちな気持ちをリセットしてみましょう。

## 稼ぐこと＝悪いことという罪悪感をとる

「人前でお金のことをあれこれ言うのはよくない」という空気から、お金についてしゃべったり、稼ぐことを前面に押し出したりするのを避けていませんか。

たとえば昔話に登場する善人のキャラクターは、たいてい貧しくてもひたむきに頑張る人たちです。小さい頃からこうした物語に触れるうち、私たちは「貧しいことが素晴らしい」というメッセージを受け取っているのかもしれません。その思いが強すぎると、大人になったときに、お金を稼ぐことや豊かになることをタブー視してしまいます。セレブに憧れる一方で、セレブを嫌悪するような、一見するとちぐはぐな感情も生まれます。心の根っこにこうした考えがあると、自分が豊かになることを受け入れることができず、お金を手放すような行動につながります。

日本では、「お金のことを細かく言うのは野暮だ」という風潮もあります。働く人が金銭的な条件を細かく交渉するケースも少ないようです。お金のことはとやかく言わず

お金持ちになったらしたいことリストを作成してみましょう。自分のためだけでなく、人のためにお金を使うことも考えると、お金のポジティブな面が見えてきます。

にがむしゃらに働く…安い給料でハードワークをし、心も体も疲れきってしまう人も。すると、ますます自分の価値が下がり、お金を得ることができません。

豊かになることへの罪悪感があると感じたら、「お金持ちになったらどうしたいか」を考えてみましょう。お金を得ることで、実現できる幸せはいろいろあります。なかには周りの人を笑顔にできるようなお金の使い方もあるはずです。

お金は悪いものではないと心の底から感じられれば、お金への苦手意識がなくなっていくでしょう。

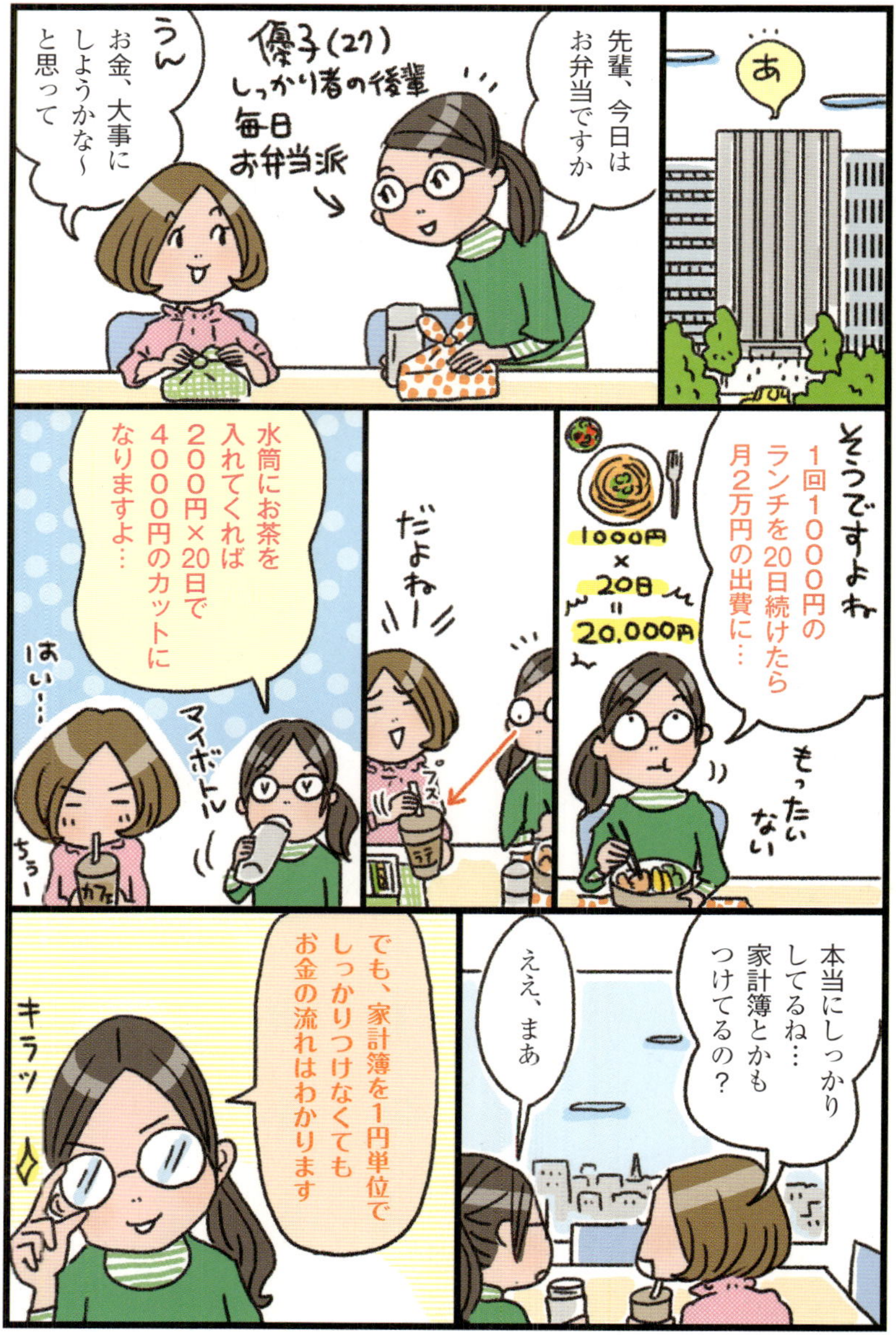
あ
先輩、今日はお弁当ですか
優子(27)
しっかり者の後輩
毎日お弁当派
うん
お金、大事にしようかな～と思って
そうですよね
1回1000円のランチを20日続けたら月2万円の出費に…
1000円
×
20日
=
20,000円
もったいない
だよね―
水筒にお茶を入れてくれば200円×20日で4000円のカットになりますよ…
はい…
マイボトル
ちゅ～
カフェ
本当にしっかりしてるね…家計簿とかもつけてるの？
ええ、まあ
でも、家計簿を1円単位でしっかりつけなくてもお金の流れはわかります
キラッ

食費や被服費など
ジャンルごとに
レシートをためると
計算がラクに！
ラクラク支出チェック法
❶ジャンルごとに
レシートをためる
❷週末にまとめて計算する
100円単位のざっくりでOK
※住居費など、毎月固定でかかる費用は別
食費
被服費
なるほど
レシートをスマホで撮るだけで記録してくれる、家計簿アプリもありますよ
カシャ
○○スーパー
カードの支払いなど、レシートの出ない項目はスマホにメモ
ぐぬぬ…
カードで洋服買ったのすっかり忘れてた
カード払いは要注意です
それと先輩はちょっとコンビニに寄りすぎかも
たしかに…こんなにある…
これもこれも
レシートを見直すと行動のクセに気づいて節約のヒントになりますよ
ハイ
気をつけます

将来、年金がもらえるかもわからないから、今のうちにしっかり貯めないと
がっちり!!
さすが
おおっ
でも…なんだかなんだか疲れちゃうときもあって
頑張りすぎていませんか？
にゃー
先生!!
え!?
だ…誰!?
根尾です
質問です
最近いいもの買ったな～ってもの、ありますか？
……
な、ないかも…
そもそも買ってない…
私はあれこれ買ってるけど
何を買ったか記憶が…
ダメだワン
お金は楽しく暮らすための道具
自分の満足するものと交換すれば、幸せ度がアップします
幸せ度 HAPPY UP!
するとストレスが減ってムダ買いをしなくなり、結果節約にもなるんです
ガマンのない節約もあるんですよ
へぇーー

先ほどのレシートの振り返りに満足度という評価をプラスしてみては
なるほど
たとえば
●友達と夕食 → 近況報告もできて★★★
●料理本の購入 → お弁当作りの参考に★★★
●洋服 → 衝動買いしたけどあまり着ていない★
私のレシート、★3つってあまりないかも…
うーん…
節約で安さ重視
すぐ壊れるし愛着もない
自分はこの程度という意識があるとただ安いものを買い、満足感が低くなります
大切なのは、自分が好きなものを買って満足するか
同じ節約でも、もっと楽しくできますよ
自分の満足するものと交換すれば、幸せ度がアップします
私ももっと楽しく貯金したい！
いろいろ教えてくださいっ
わたしも
のぞみはまずレシートの整理からだワン
コレ
パンパン
…
…ハイ…

1週間
プログラム❶

# クリアファイルにレシートをためよう

## 1週間の支出をチェック

ここからは、より実践的にお金との付き合い方を見直します。まずは、1週間のお金の流れを「見える」化し、どのようなものにお金を使っているのか意識しましょう。

### レシートをためる

複数のクリアファイル（封筒でも可）を用意します。ファイルの数は「食費」「被服費」など、次ページを参考に決めます。

買い物をしたときはできるだけレシートをもらうようにし、帰宅後にジャンルごとにレシートをためていきます。クレジットカードで支払ったときの利用控えも同様にします。

### レシートがないときは

住居費や水道・光熱費、通信費など、レシートが発行されない買い物もあります。そのような支出は、支払い時に金額をメモしてファイルに入れるか、スマホのメモ機能などで記録するかして、支払ったことが抜け落ちないようにしましょう。

## ためるだけで効果を発揮

月曜から日曜までの1週間で期間を区切り、お金の流れを見てみましょう。重複して買っているものや、お金をかけすぎている項目に気づけます。また、普段は意識しない小さな買い物が積み重なっていることにも気づきやすくなるでしょう。

## レシートをためる３つの効果

ジャンルは複雑に
なりすぎないように
食費
交際費
被服費

### お金の流れが見える

レシートをジャンルごとに分類することで、どの項目にどれくらいのお金を使っているのかがわかり、見直すきっかけになります。

ポイントカードは
お持ちですか？
サッ

### 財布も頭の中もスッキリ!!

レシートを財布から出す習慣をつけると、財布の中がスッキリします。支払いがスムーズになり、余計なストレスもなくなります。

### 買い物のクセに気づける

小さな買い物も、積もり積もると大きな出費に。ムダ買いに気づけば、次からはストップをかけやすくなります。

???
ビニール傘
こんなに
買ってたんだ…

スマホ決済や電子マネー等を利用すると、使用履歴から自動で家計簿データを作成してくれるアプリもあります。

1週間
プログラム❷

# レシートを振り返り、満足度をチェックしよう

## 満足のいく買い物＝節約に

買い物は、安ければ安いほどいいというわけではありません。高くても気に入ったものを買えば、大事に長く使うので結果的にお得になることも。幸せ度がアップして、他の衝動買いやムダづかいを抑える効果もあります。

つまり、値段の安さではなく、満足感のある買い物を目指すことで、お金が貯まりやすくなるのです。

## 支出の満足度をチェック

前ページでためたレシートを取り出して、満足のいく買い物だったかどうか、振り返ってみましょう。

### 満足度を★3つで評価

洋服代やランチ代など、支出の一つひとつを振り返り、満足度を三段階でチェック。

その理由も一言書き添えるといいでしょう。

## 振り返りは数日後に

注意したいのは、買った直後ではなく、2〜3日ほどたってから振り返ること。買った直後は、一時的な高揚感から満足感を高く評価してしまったり、反対に、お金を使ってしまったという気持ちから満足感を低く評価してしまったりします。

時間を置いて、冷静に振り返ることをオススメします。

## 買い物の満足度をチェックする

### 満足度を★3つで振り返る

買い物の満足度をレシートに★で書き込みます。買ったことで幸せな気持ちになれたか、うまく使いこなせたかなどをチェックして。

↓

### 満足度の理由もメモ

満足度をつけた理由を短くメモしておきましょう。自分が何に満足や幸せを感じるのかが見え、買い物の基準になります。

デザインが好きな服を買って、そのときは満足しても、使ってみたら洗濯しにくかった…ということも。実際に使ってみてどうだったかで満足度をつけましょう。

↓

### 満足度でレシートを分ける

★の数がいくつの買い物が多いかをチェック。より満足度の高い買い物ができるよう、メモした理由も再度確認しましょう。

まとめ

# 自己肯定感が低いと、ムダづかいが増える

ここまでの1週間プログラムで、レシートをジャンルに分けて見直すこと、値段だけでなく満足度で買い物を振り返ることなどをお伝えしました。ここでは、ムダづかいを減らすことにつながる「自己肯定感」「自己価値」についてお伝えします。

自己肯定感とは、自分で自分を「これでいいんだ」と認める感情のことです。自己価値とは「自分には価値がある」と感じる気持ちのことです。どちらも心理学の用語で、毎日を心地よく過ごすためには、これらが高い状態になっていることが大切です。

自己肯定感が低かったり、自己価値を低く見積もっていたりすると、「自分にはこんな高い洋服は似合わない」と、安くて低品質なものを買ってしまい、買い物の満足度が上がりません。結果として、「安物買いの銭失い」のスパイラルにハマることも…。

「どうせ自分は…」というネガティブ思考がクセになっていたら、1日1つ、自分をほめることを習慣にしてみましょう。自己肯定感や自己価値が上がれば、満足度の高いものを買うことができ、ストレスが減ってムダづかいもなくなります。

### 自分ほめで買い物上手に

自分をほめることができていると、そんな価値ある自分のために、いいものを買って長く大切に使おうという気持ちに。

### 「どうせ自分は…」はNG

自分をほめることができず、「どうせ自分は…」と卑下した気持ちでいると、ストレスでやけ食いや衝動買いをしてしまいがち。

### 自分をほめて、自己肯定感をあげよう

「遅刻せずに出社できた」「ゴミ出しができた」など、小さなことでもいいのでほめましょう。仕事や家事など、毎日当たり前のようにしていることの中にも、ほめられるポイントはたくさんあります。

すぐできる
貯めテク❶

# 財布の整理や冷蔵庫の片付けで節約に

## 貯めテクは自分に合うものを

ここからは、今すぐ始められる貯めテクを紹介します。さまざまなアイデアを紹介しますが、すべてを実践しなくても大丈夫。自分に合ったものだけを取り入れて、ラクに節約しましょう。

### 使いやすい財布で散財を防止

行き当たりばったりに買い物をして、頻繁にATMでお金をおろしていませんか。

財布の中が整理されていると、いくら持っているかがすぐわかり、「使いすぎているからセーブしよう」など、出費をコントロールできるように。ポイントカードなども必要なときにサッと出せるため、得するチャンスを逃しません。

ついついたまりがちなカード類は、月に2回以上使うもののみ残して、残りはカードケースに入れて自宅で保管。必要なときだけ財布に移すといいでしょう。

### 冷蔵庫が片付くと節約に

こまめに冷蔵庫を片付けると、食材が見やすくなって中身が把握しやすく、ダブり買い防止に。買い出し前に庫内をチェックし、買い物メモを作成すれば、必要なものだけを買えます。食材の量は庫内の2～3割が空くくらいにしましょう。冷却効率もアップし、電気代の節約にもつながるため、一石二鳥です。

## 貯まる人は財布も冷蔵庫もスッキリ

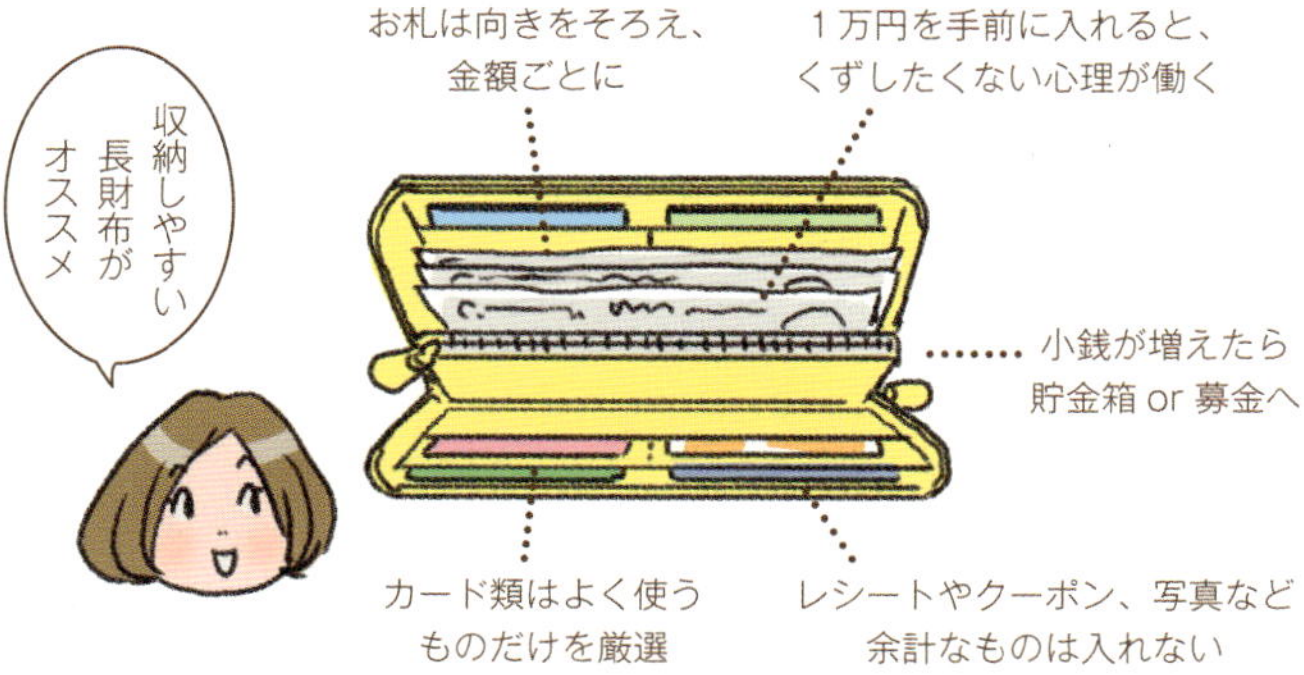


財布を使いやすくして、お金にまつわるストレスを減らしましょう。財布の色は、カバンの中で目立つものにすると見つけやすく、支払いもスムーズ。

庫内を定期的に空にすると、本当に必要な食材の量がわかります。あれこれとムダ買いをして使いきれない…というパターンがなくなります。

すぐできる
貯めテク❷

# クローゼット美人は被服費を賢くセーブ

## 被服費をセーブして貯める

ファッションは支出がかさみがちですが、うまくセーブできれば、節約の効果も大きくなります。

一時の感情に流されず、被服費をコントロールするコツは、クローゼットをきれいに保つこと。服やバッグをため込んでいると、ワードローブが把握できない→着たい服が見つからない→散財のスパイラルにハマります。

**まずはクローゼットの整理から**

クローゼットの中身をすべて取り出して、仕分けをしましょう。1シーズン以上着ていない服があれば、迷わず処分。ハンガーにかけられるだけ、引き出しに入るだけの服を厳選します。その後、トップスやボトムスを色や形ごとに並べると、見やすく、取り出しやすくなります。

片付けのときに、ワードローブをスマホで撮影しておくのもオススメです。買い物をするときに手持ちの服を見返せば、コーディネートを検討しやすく、似たものを買ってしまうなどのムダ買いも防げます。

**1着買ったら1着捨てる**

新しい服が欲しいときは、不要な服をリサイクルショップに持ち込んだり、知人に譲るなどして、手放すようにしましょう。

## 貯まる人はクローゼットが整とんされている

色、柄ごとに並べ
適度な空きを

### 取り出しやすいように整理

クローゼットがパンパンだと、服が見つからなかったり、シワや傷みの原因に。適度なゆとりを作り、見やすくきれいにキープを。

お気に入りのパンツに
合いそう！

### 手持ち服や小物を撮影

手持ち服やバッグ、靴などをスマホで撮影し、買い物のときに見返すと、コーディネートを考えて、賢く買い足すことができます。

### 使わないものは処分する

「いつか使うかも」となんでもとっておくと、ものがあふれがちに。期間を決めて、その間に着ていないものは処分して。

これまで
ありがとう…

手持ちの服をきれいに収納するだけで、見慣れた服がぐっと垢抜けて見え、他のものを求める気持ちも薄れます。

すぐできる
貯めテク❸

# ネットスーパーで時間もお金も有効に

## お金だけでなく、時間も大事

隣町のスーパーの特売品を買うために、1時間かけて買い出しをし、重い荷物を持って帰ってきたとします。疲れ切って自炊をあきらめ、いつもは頼まない出前を注文したら、特売品を買った「お得分」は簡単に失われてしまいます。

### ストレスをためずに貯めるには

お金を貯めようとすると、1円でも安さを求める意識になりがちですが、費用対効果を冷静に見極めることも大切です。

少しのお金をセーブするために、ものすごい時間や労力をかけてしまっては、かえってストレスになり、別のものを衝動買いしてしまうなどの逆効果も。

ときにはお金よりも時間を節約することで、ゆとりを持って生活しましょう。

### ネットスーパーを賢く活用

リアル店舗とネット店舗を両方運営しているサービスでは、リアル店舗のチラシ価格にあわせてネット価格が設定されていることも。同じ価格で時間と労力をかけずに買い物ができるので、重い日用品のまとめ買いなどにぴったりです。

また、買い物中は常にカートの合計金額が表示されるので、買いすぎを防いで予算内で収めることができます。

## ネットスーパーのメリットを生かす

### 時間と労力をカットできる

重いものの買い出しは、時間も労力もかかるもの。ネットスーパーなら注文から受け取りまで簡単にでき、交通費の節約にも。

配達でーす
ありがとう
水
日にちと時間を決めて受け取れる

税込みの合計金額がわかりやすい
合計 3,600

### 合計金額を予算内に収める

リアル店舗では、合計金額の計算がしづらく、つい買いすぎてしまうことも。ネットでは、画面に税込みの合計金額が表示されます。

### ポイントが貯まるサービスも

会員向けにポイントを貯められるサービスもあり、使うほどお得に。一定金額以上の買い物で、送料が無料になるケースも。

DOG FOOD
DOG FOOD
¥
ポイントをゲットだワン！

生鮮食品など、商品の状態を確認したいときはリアル店舗に出向くなど、それぞれのメリットを使い分けると◎。

すぐできる
貯めテク❹

# クレジットカードは枚数を絞って

## カードの枚数を絞ろう

何枚ものカードを利用して、引き落とし日にゴッソリお金がなくなってあわてたことはありませんか。

クレジットカードをたくさん持つと、支払いの管理が複雑になり、使いすぎの自覚がないまま散財してしまいます。最低でも3枚、できれば2枚にカードを絞りましょう。

### カード選びのポイント

毎週買い出しに行くショッピングモールのカードや、服を買うことが多いデパートのカード、交通系ICカードなど、種類はさまざま。

自分の日々の行動パターンを振り返り、利用頻度が高く、割引や特典のメリットを受けやすいものを持つようにしましょう。

### 不要な年会費をチェック

1年目のみ年会費が無料のカードを気軽に作り、翌年から年会費が自動で引き落とされていることに気づかないケースも…。

通帳やカード明細をこまめにチェックし、不要なカードはすぐに解約を。

### デビットカードもオススメ

口座から即日引き落とされるデビットカードなら、使いすぎの心配がなく、現金のように利用できます。

## クレジットカードを上手に使う

### 枚数を絞ってポイント還元

公共料金などの固定費の支払いを1枚のカードに集約すれば、管理がラクに。ポイントもどんどん貯まります。

マイルを貯めて旅行へ！

ゴールドカードなら空港ラウンジもタダ
GOLD

### カード特典を利用できる

レストランの割引など、クレジットカードの利用特典はさまざま。ゴールドカードは料金がかかるぶん、ハイクラスな特典もあります。

### クレジットカードの種類

クレジットカードにはさまざまな種類があります。特典や年会費だけでなく、ポイントの有効期限などもチェックして選びましょう。

| 種類 | 特徴 |
|---|---|
| 交通系 | 鉄道・航空会社などが発行<br>交通機関をよく利用する人にオススメ |
| 流通系 | スーパーや百貨店などが発行<br>ポイントを買い物に利用できたり、Tポイントが貯まるものも |
| 銀行系 | 銀行が発行<br>キャッシュカードと一体化しているものも |

まとめ

# 満足感＝金額ではない

この章では、お金への苦手意識をなくすことをテーマに、心理的なワークやレシートを使ったプログラムを紹介しました。

「節約しなければ」「お金を貯めなければ」という気持ちが強く表れると、「お金を使うことは悪いこと」という罪悪感が生まれたり、「1円でも安く手に入れなければ」と金額だけで判断してしまったりしがちです。しかし、それではかえってお金を遠ざけてしまうということを、本章でお伝えしてきました。

まずは、お金に対してポジティブな気持ちになること、満足感を大切にして買い物をすることを心がけてください。満足感は、もともと金額とは関係のないものです。自分の心にぴったり合った買い物ができたかどうかが大切です。

日々のお金の使い方を意識して、満足度が高いもの、本当に欲しいものを選ぶようにしましょう。すると気持ちが前向きになり、ストレスによる散財や、周りに見栄をはるための散財は減っていきます。

### 買ったら満足する？

買うことで満足感や幸福感が得られるものかどうか、その感覚はどれくらい続きそうかなど、価格だけでなく満足感をイメージして。

### 何かの代替品じゃない？

本当に欲しいもののかわりに、妥協して何かを手に入れるクセがつくと、物欲が収まらず、ムダ買いをくり返すことに…。

### これは浪費？　投資？

ムダづかいの「浪費」なのか、将来の自分をよくする「投資」なのか、買い物がどちらにあてはまるか見極めて。

### 満足感のある買い物をしよう

少々お値段のする服でも、着ることで仕事のモチベーションがあがり、成果につながるなら、浪費ではなく投資ともいえます。満足感を意識し、必要なもの・そうでないものを見極めて、バランスよくお金を使いましょう。

# みんなのお金データ②

あなたの周りの人は、どれくらいお金を貯めているのでしょうか？
今度は40代について、見てみましょう。

## 40代単身者の貯蓄額

40代の単身世帯では、４割以上の人が「金融資産（貯蓄）なし」と回答。
統計の真ん中に位置する中央値は25万円となっています。

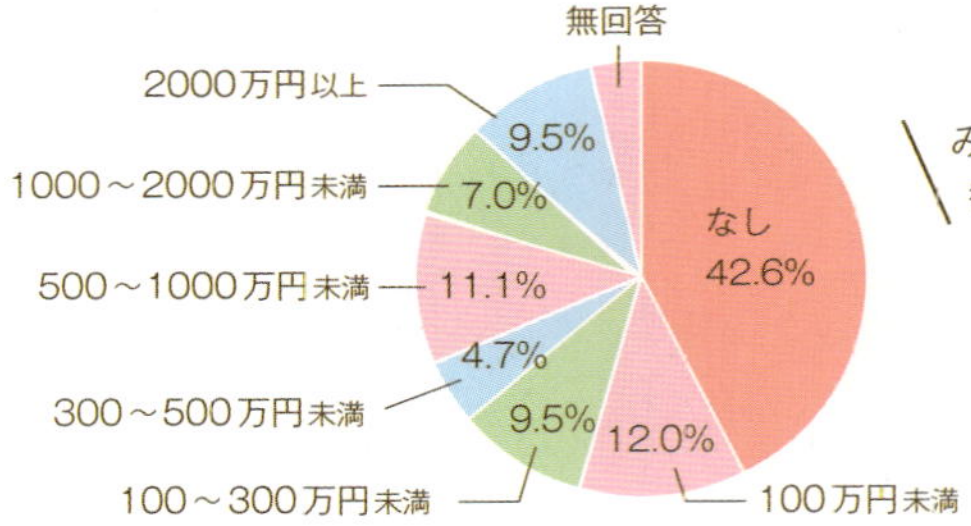

## 40代２人以上世帯の貯蓄額

２人以上世帯では、２割以上の人が「金融資産（貯蓄）なし」と回答。
中央値は550万円と、単身世帯より高くなっています。

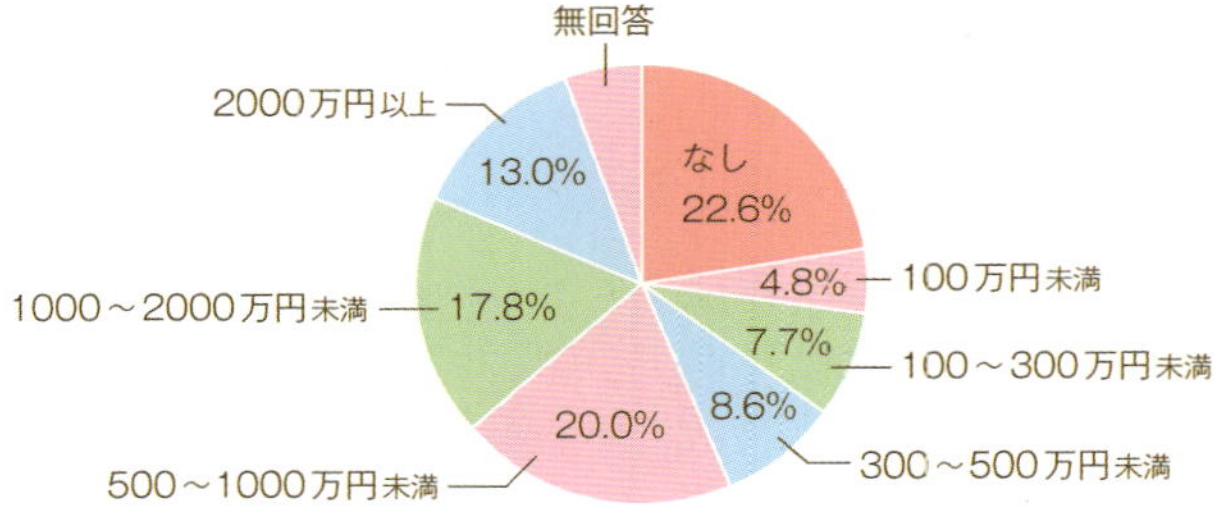


出典：金融広報中央委員会「家計の金融行動に関する世論調査」2018年版より
※預金等のほか、株などの金融資産も含めたデータです

chapter 3

# 1か月で貯めマインドを身につける

ええーと…
カキカキ
おつかれ
できたー!!
2week memo
レシートをざっくりまとめるだけにしたら私でも続いた〜
どれどれ?
プシュ
こんなふうに後で満足度をメモして振り返るの
のぞみのざっくり家計簿
○月○日 ブラウス 6000円 満足度 ★★
○月□日 コンビニチキン 300円 満足度 ★
○月△日 ブラウス 10,000円 満足度 ★★
○月×日 雑誌 800円 満足度 ★★★
がんばったね!!
えへへ♪

あれ？先週はブラウスを2着買ったの？
○月○日ブラウス★★
○月△日ブラウス★
うん、これとこれ
もしかしてこの2着…似てる？
ガーン
もしかしなくても似てるね
す、好きなデザインでつい…
モデルの菜々ちゃんのインスタにもあがってて…
他にも似たの持ってたよね
ふら…
見たことある…
あ～せっかく貯めマインドついてきたのに～
わーっ

お困りですか？
ひょいっ
あ♪先生とサキ
いらっしゃい
ついつい同じものを買っちゃうんです～
←中のボーダーも
気づけばお金がなくなっている人は
買うときの判断基準があいまいになっています
同じようなものを買ってしまう原因
1 所持品を把握できていない
2 セール品などを妥協して買い、満足感がない
3 夜中など、判断力が落ちるときに購入しがち
確かに…
1着目
安い！
SALE
好みの色じゃないけどセールでつい…
↓
妥協買い
2着目
かわいい
ポチッ
寝る前にモデルのインスタで見て、つい…
↓
衝動買い
結果、似たようなもの買っちゃったし、満足もしてないワン

セールに飛びついたり
ダラダラ
SNSを見たりと
ちょっとした行動が貯まらない原因になっていないか、見直しましょう
先生 お茶どうぞ
サチはホネ
ところで
のぞみさんは
洋服が大好きな
ようですね
はいっ
ついつい買っちゃって
優先順位の高いものは妥協買いせずに心がときめくものを選ぶ！
ちょっと高いけど
あのワンピ
すっごくほしい!!
うれしい～
そうすると満足度が上がります
幸せ度アップ!!
それ以外のもので
節約すれば、
メリハリのきいた
お金の使い方が
できますよ
私は食べることが好きなので
それ以外を控えてます
なら
ずっと欲しかった
あれとこれとそれ
買っていい…？
あのブランドのバッグに
ワンピースに
サンダル…
ときめき
限度があるワン
どこに
着ていくんだよ
バシッ

# 貯まる人は、買う・買わないのメリハリがある

レシートを振り返ったり、自分の買い物グセを見つめ直したりすることで、何にお金を使っているのか、どの部分を直したら貯金につながるのかが見えてきたでしょうか。この章では、貯まる行動につながる心構えやテクニック、やる気をキープする方法などを紹介します。

そもそも、貯めマインドを身につける目的は、お金の不安をなくし、心身ともに幸せになることです。節約ばかりの生活ではストレスがたまり、幸せを感じることができません。実際、うまくやりくりしてお金を貯めている人も、ケチケチしているわけではないのです。

ここでは、メリハリのきいたお金の使い方をイメージして、支出の優先順位を3段階で考えてみましょう。最も優先順位の高いものから順に、A、B、Cと仕分けをしていきます。

支出に優先順位をつけると「好きなものは買っていい」と思えるようになり、ストレスが減ります。そのぶん他のやりくりを頑張る気持ちもわいてきます。

支出のジャンルは、P63で分類したものでも、より細かくても構いません。たとえば、「被服・美容費の中でも髪が命。トリートメント代は譲れないからA」とか、「食費の中でも自炊に使う食材にはそこまでこだわらないからC」というように、自分の趣味やこだわりと照らし合わせるといいでしょう。

Aの買い物については、値段よりも自分の心がときめくかどうか、幸せかどうかを重視して選ぶと、買ったときの満足感も大きくなります。そのぶんB、Cの買い物で節約を心がけると、支出にメリハリがつきます。

# 貯まる人は、一瞬の物欲をコントロールできる

買ったままそでを通さずにしまってある洋服や、読まずにデスクに積まれた本、入会したきりで通っていないスポーツジムの会員証などに心当たりはありませんか。

「これ欲しい！」「今すぐ始めたい！」と一気に心のボルテージが上がる人は、熱しやすく冷めやすい傾向にあります。1章のお金タイプ（↓P20）に照らし合わせると、お金タイプ①の人がストレスから衝動買いをしたときや、お金タイプ③の人が新しい自分磨きを始めるときなどに当てはまるかもしれません。

欲しいものを手に入れるまでがいちばん楽しく、手に入れてからは興味が薄れてしまう。それでは、一瞬の物欲を満たすためだけにお金を使っていることに…。

一瞬の物欲に流されず、落ち着いて買い物をしたい、衝動買いをしてあとで後悔したくないというときは、買うときに合言葉を決めておくのがオススメです。レジに持っていく前に一呼吸おいて、「本当に必要？」「どれくらい長く使える？」「似たようなもの、

すぐに買わず、少し時間をおくのも効果的。欲しいものをメモしておいて数日おき、「本当に欲しい？」と問いかけてみましょう。

持ってない？」と自分に問いかけるのです。すると、愛着を持って長く大切にできるもの、使えば使うほど満足感が高まるようなものにお金を使えるようになります。

前ページでは、心のときめきを重視する買い物法を提案しました。ときめきと冷静な判断は一見矛盾するように見えるかもしれませんが、両立することは可能です。初めて商品を見たときのときめきが本物かどうか、買う瞬間が幸せのピークになっていないか、合言葉でチェックしてみましょう。

# 貯まる人は、自分の気持ちをモニタリングできる

気分のアップダウンが激しくて、落ち込んだときについつい衝動買いをしてしまう。焦ったり、イライラしたりと感情に波風が立ちやすく、そのときどきの思いつきで出費をくり返してしまう。そんなときは、自分の感情とうまく付き合うことが、貯めマインドに近づくコツです。

自分の感情と付き合う方法として、冷静に自分を眺める「もう一人の自分」を持つことをオススメします。落ち込んだときに、「ああ、もうダメだ…」という気持ちでいる自分とは別に、それを少し離れたところから眺める自分をイメージするのです。そして、スポーツの実況中継のように、自分の行動や感情をレポートしてみましょう。

「仕事でミスをして、落ち込んでいるみたい。最近忙しくて寝不足になっていたから、注意力が落ちて、書類の見直しを忘れてしまったんだね。スマホでショッピングサイトを見てるけど、これは衝動買いしそうな予感…」。

自分の気持ちを実況中継すると、一時的な感情に任せて買い物をすることがなくなります。P87の問いかけをしやすくなる効果も。

客観的な「もう一人の自分」の視点を持つことで、感情のまま流されて買い物をするのにストップをかけることができるようになります。

落ち込んでいるときに実況中継するなんてムリ！　と思うかもしれませんが、やってみると意外に面白いものです。今の状況をクスッと笑えたりしたら、しめたもの。衝動買いをしそうなときや、やけ食いで暴飲暴食をしそうなときなどに、一度試してみてはいかがでしょうか。

# タイプ別・貯めテクを押さえよう

Ｐ20で、あなたのお金タイプをチェックしました。ここではさらに踏み込んで、タイプ別に貯めマインドを身につけるコツを紹介します。

これまでに、さまざまなテクニックを紹介しましたが、自分の行動を一気に変えるのは難しいもの。誰にでもこれまでに培ってきた行動パターンや習慣があり、それに従っているほうが安心感を覚えたりするものです。

また、それぞれのタイプには、その行動を引き起こしている性格や心理的な原因があります。たとえばタイプ①（ストレスためて、ご褒美散財）の人は、ストレスが衝動買いにつながりやすいので、ストレスをうまくコントロールすることが、根本的な解決になります。

ここでは、心理的な原因に働きかけて、貯めマインドを身につける方法を紹介します。これならやれそうだと思う方法から取り入れてみてください。

## タイプ①貯めテク　ストレスコントロール

### ストレス度合いをイメージ

自分の心をコップに見立てて、今どれくらいストレス（＝水）がたまっているかをイメージ。あふれそうになる前に、休息を。

### 買い物の優先順位を見極める

支出に優先順位をつける方法（→ P84）がストレス減に効果的。優先順位がＡのもので満足感を高め、貯金のモチベーションに。

### 憧れの品をお守りに

「私にはまだ早い？」と思うような憧れグッズを１つだけ入手。リッチな気分を自分に許すことで、なりたい自分に近づけます。

ストレスをゼロにすることはできませんが、うまくコントロールする方法はあります。好きなことをするなど、こまめなストレス解消を心がけましょう。

## タイプ②貯めテク　自己肯定感アップ

### ほめ日記をつける

1日1行など、短くてもいいので、自分をほめる内容の日記をつけましょう。ささいな行動でも、心境の変化のようなものでもOK。

友達のメールにすぐ返信した

いいな！私も欲しい！

### 自分軸？　他人軸？　と問う

「ケチだと思われたくない」などと、他人の評価を気にしてお金を使いそうなときは、この言葉を自分に問いかけて。

### ときにはSNS断ちを

他人の動向が気になって、気が休まらない人は、思い切ってSNS断ちを。他人に影響されずに、自分の思いを優先できるように。

スマホを持たずに出かけよう！

ほかに、好きな人の長所を挙げるのもオススメ。他人の長所に気づけるということは、自分にも同じ素質があるということ。好きな人は自分の鏡でもあります。

## タイプ③貯めテク　支出の見極め

### インプットしたスキルを発信

読書好きなら感想をブログで公開、習い事の発表会に参加など、アウトプットを心がけると、手当たり次第支出しなくてすみます。

カシャ
作品をインスタにアップ!

これお願いします!

### 無料のサービスから始める

何が自分に向いているかわからないときは、無料のセミナーに参加する、図書館で本を借りるなど、お金を使わない方法から始めて。

### 今までの自分磨きを振り返る

今までに取り組んだ習い事やセミナーを「役に立ったもの」と「そうでないもの」に仕分け。選択の基準をクリアにしましょう。

ENGLISH
CLEAN
役立った
そうでもない
英会話はもういいかな…

情報やスキルをインプットするのにお金を惜しまない人は、本当に必要なものを見極める目を持つことで、支出のカットや満足感のアップにつながります。

## タイプ④貯めテク　漠然とした不安を解消

### 知識で不安を解消する

気になることについて本やネットで調べたり、マネーセミナーに行くのもオススメ。正しい情報がわかれば、不安が解消します。

P168～のお役立ち情報も見てね！

安いからとまとめ買いのしすぎに注意！

### 必要なストックの量を把握

日用品のストックは本当に必要な量だけ購入します。ストックが多すぎると消費ペースも上がるので、適度な量に保って。

### 楽しいことを体験する

予算内ならレジャーなど楽しいことにお金を使ってOK。楽しんでも貯金やお金に困ることはないということを体感しましょう。

やったー!!
ピクニックに行こう！

お金がなくなる不安から楽しいことに使えなかったり、ものが足りなくなる不安から日用品のストックをしすぎるなど、不安からくる行動に対処しましょう。

## タイプ⑤貯めテク　プチ計画で成功体験



### ゲーム感覚でやりくりする

1つの項目で予算を決め、その中でやりくりにトライ。お金が余ったら好きなものを買っていいなど、楽しいルールをつくって。

### 1か月レシートをためる

2章で紹介した1週間プログラムを1か月続けてみましょう。自信がつき、お金を扱うことが上手になります。

### 献立を決めてみる

週末に翌週の献立をざっくりと決め、献立メモを持って買い出しへ。1週間で使い切れる食材はどれかを考え、買い物をしてみましょう。

計画は苦手、計算は嫌いなど、貯めることへの苦手意識が強いのがこのタイプ。小さな成功体験を積み重ね、「私もできるんだ」という自信をつけていきましょう。

では
本日の会議を
終了します
次の案件
任せたからね
はいっ
頑張ります!
大抜擢じゃん
うまくいけば
お給料アップも
夢じゃないですね!
あはは
ありがとう
ふぅーー
はい、差し入れ
ありがとう
ございます!
…
しばらく
カフェラテ
ガマンしてて
うれしー♡
すっかり
節約モードね
このー

ストレスをためないように好きな洋服はガマンせず、飲食代をセーブしてるんです
先輩は何かしてます？
そうねえ…
うちはお給料が入ったらすぐ先取り貯蓄をしているわ
貯まる！先取り貯蓄
お給料が入ったらその一部が自動的に貯蓄口座に振り込まれるようにしてるの
貯蓄口座へIN！
収入
残りを生活費に
一度設定したらあとは何も考えなくても自動的に貯まるからラクよ
あとはいざというときに予備のお金を用意しておくと安心ね
なるほど
さっそくやります！
スクッ
わっ
ツルッ
先走りすぎには注意ね…
大丈夫!?

1か月
プログラム❶

# 支出を固定費と変動費に分け、管理しやすくしよう

## 支出には種類がある

2章でジャンルごとに集めたレシートは、固定費と変動費という2種類に分けることができます。それぞれの特徴をふまえ、管理や節約を工夫しましょう。

### 固定費

住居費や通信費、水道・光熱費など、毎月一定でかかる支出を「固定費」といいます。レシートは発行されず、口座から毎月引き落とされるように設定されているものも多いでしょう。

固定費を節約すると、それ以降は毎月支払う金額が減り、大きな節約効果が見込めます。

たとえば住居費を節約するために引っ越すのは、費用も手間もかかりますが、通信プランを格安タイプに変更するなど、手軽に取り組めてストレスの少ない節約方法もあります。

### 変動費

食費や被服・美容費など、毎回金額が変わる支出を「変動費」といいます。レシートが発行される支出の多くは、変動費にあたります。

ガマンすることで節約できるものも多くありますが、ガマンしすぎるとストレスをためることに…。

変動費を節約するときは、ストレスがかからないよう、無理なくできる範囲で取り組むのがオススメです。

## 支出をグループ化する

### 固定費は見落としに注意

固定費は毎月口座から自動で引き落とされるものもあり、料金の変化などを見落としがち。こまめに通帳をチェックしましょう。

### 変動費はおおまかに分ける

変動費の項目を多くしすぎると、管理が大変に。被服費と美容費はまとめるなど、最初は5～6項目くらいに分けてOK。

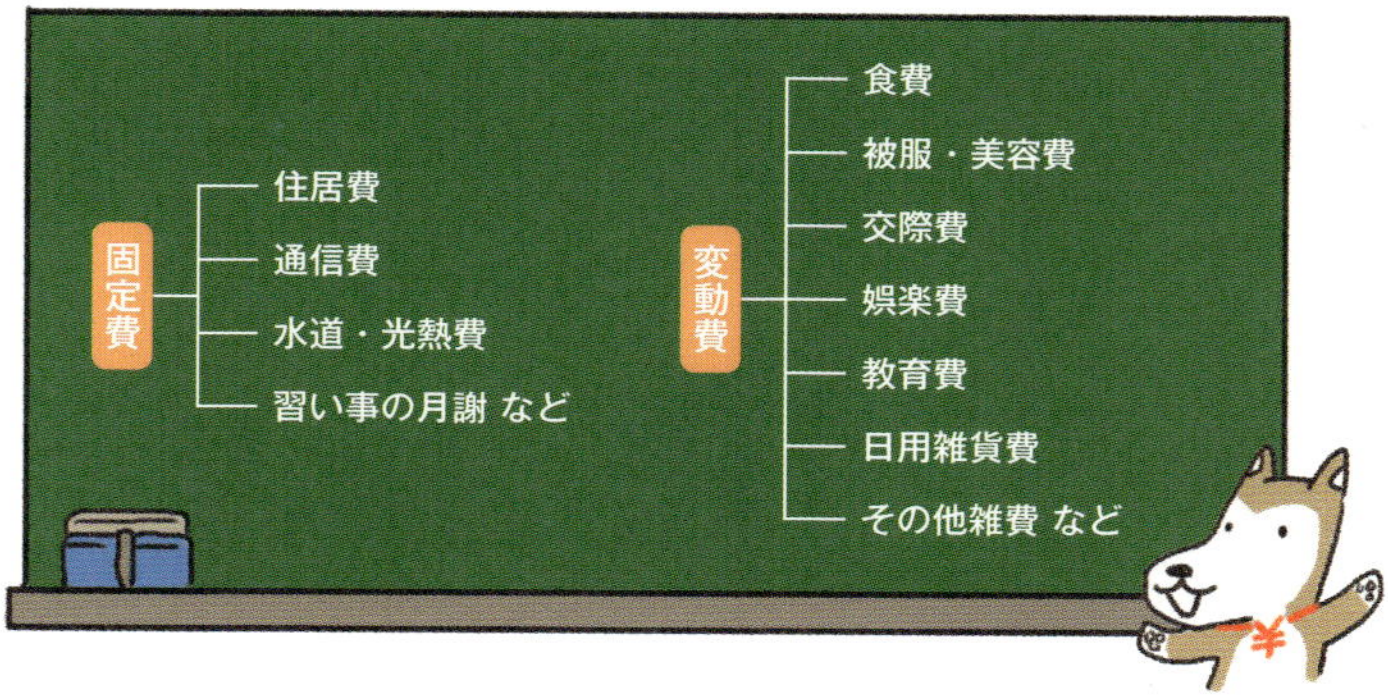
固定費
住居費
通信費
水道・光熱費
習い事の月謝 など
変動費
食費
被服・美容費
交際費
娯楽費
教育費
日用雑貨費
その他雑費 など

### イベントなど、特別な支出も

家族の誕生日や友人の結婚式など、特別な支出が必要になることも。変動費には、こうしたイレギュラーな支出も含まれます。

先週は娘の誕生日だったわね

固定費と変動費のどちらかに偏らず、バランスよく節約するのが貯めるコツです（詳しくはP172もチェックしましょう）。

1か月
プログラム❷

# ATMに行く日を決めて 1か月を予算内で乗り切る

## 行き当たりばったりから卒業

お金がなくなったらコンビニATMに駆け込む…そんな生活では、計画的にお金を貯めるのが難しくなります。1か月を予算内で乗り切ることにチャレンジしましょう。

**予算を決めて、お金を引き出す**

月収から貯金したい金額を引いた額を「1か月の予算」に。そして、予算をどう使うかを決めます。次ページの資料も参考に、生活スタイルに合わせてアレンジしましょう。

月のはじめに予算分のお金を引き出したら、そのお金でやりくりします。月に何度もATMに行く人なら、これだけで手数料の節約に。

**ジャンルごとに封筒で管理**

引き出したお金は、被服費なら被服費、交際費なら交際費の封筒に入れて管理します。必要なときは、項目ごとの封筒からお金を使うようにすれば、使いすぎを防ぎ、予算内でやりくりする感覚が身につきます。

**食費や日用雑貨費は週で管理**

食材や日用品などの頻繁に発生する買い物の費用は、週で管理したほうがわかりやすいことも。

月の予算を4～5で割って週の予算を決め、その金額を週のはじめに引き出したら、財布へ。食費や日用雑貨費については、財布の残りの金額を考えながら、1週間でやりくりしてみましょう。

## 予算を決めて、封筒で管理

### 1か月の予算を決める

| | | |
|---|---|---|
| 手取り収入 | | 円 |
| 貯金 | | 円 |
| 支出 | 住居費 | 円 |
| | 食費 | 円 |
| | 水道・光熱費 | 円 |
| | 通信費 | 円 |
| | 保険料 | 円 |
| | 被服・美容費 | 円 |
| | 交際費 | 円 |
| | 娯楽費 | 円 |
| | 教育費 | 円 |
| | 医療費 | 円 |
| | 日用雑貨費 | 円 |
| | おこづかい | 円 |
| | その他雑費 | 円 |
| 支出合計 | | 円 |

週末の外食費もこの封筒から

月曜日以外にATMに寄らない
ATM

行き当たりばったりでATMに行くのは×

### 参考にしたい支出のバランス

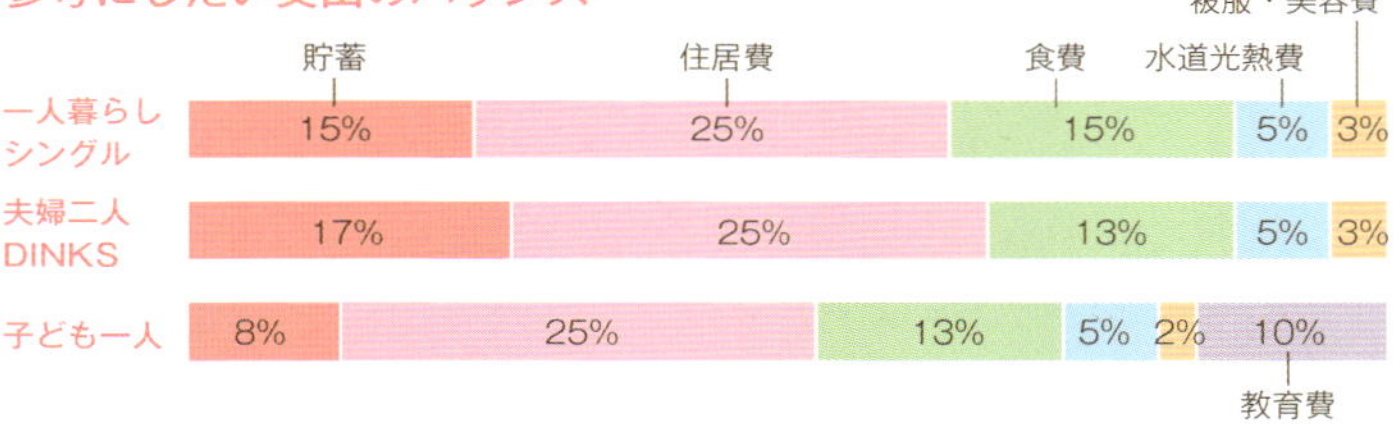
貯蓄
住居費
食費
水道光熱費
被服・美容費
一人暮らしシングル 15% 25% 15% 5% 3%
夫婦二人DINKS 17% 25% 13% 5% 3%
子ども一人 8% 25% 13% 5% 2% 10%
教育費

※このほか通信費や交際費、おこづかいなどをあわせた支出が約40%

困ったときの貯めテク❶

# 予算は多少ゆるめに設定するとストレスがなくなる

## ムダづかいとの付き合い方

予算を立ててやりくりしていても、つい衝動買いをしてしまうことはあります。また、商品レビューを比較検討してベストな商品を買ったつもりでも、実際には使い勝手が悪かったり、すぐに壊れてしまったりと、買い物に失敗することも…。

そんなとき、ムダづかいしてしまった、自分はダメだ…と責めていませんか?

### 自分はダメだと責めなくていい

ムダづかいで自分を責めると、お金への苦手意識が増し、貯めるモチベーションもダウン。

せっかく育ってきた貯めマインドをゼロにしてしまわないよう、「失敗なんて、誰にでもあること。大丈夫」と自分を励ますことが大切です。

### 予算の設定は「ゆるめ」がベスト

P100で予算を決めてやりくりする方法を紹介しましたが、予算をギチギチに決め込んでしまうと、うまくいかないときにストレスになってしまいます。予算の設定は「ゆるめ」を基本にし、ストレスなくやりくりができるようにしましょう。

また、自由に使っていい「おこづかい」枠を設定すると、心にゆとりが生まれるのでオススメです。

## おこづかい枠や予備費で、余裕あるやりくりを

### 支出バランスをチェック

P100の予算をチェックし、適度な余裕があるかどうか、続けられそうかどうか検討しましょう。

check!

- □ 食費の中に、適度な外食費は含まれている？
- □ 飲み会なども想定し、交際費を計算している？
- □ 夏のエアコン代など、固定費が多めにかかる月があることを考慮している？
- □ 疲れたときのマッサージ代など、リラクゼーションの費用はある？
- □ セール月などの場合、被服費などが多めにかかることも見越している？
- □ 予想外の出費に備えて、予備のお金を用意している？
- □ 自由に使えるおこづかいはある？
- □ 収入から支出を引いた金額がプラスになっている？

支出には余裕を持ち、最低限必要なもの以外に使うお金も見越しておきましょう。外食費などもやや多めに設定しておくのがオススメです。

困ったときの貯めテク❷

# 一度やれば自動的に貯まる「先取り貯蓄」

## 先取り貯蓄とは？

先取り貯蓄とは、給与などの収入の一部をあらかじめ「先取り」で確保しておく貯金方法です。

生活費を使ってから残りを貯金に回そうと考えていると、つい使いすぎて、貯金がゼロということも…。その点、貯金の分を最初からないものと考えてやりくりできる先取り貯蓄は、一定額を毎月自動的に貯められるので、着実に貯金が増えていきます。

とくにタイプ⑤（➡P30）など、なりゆきまかせにお金を使っている人にオススメ。一度設定すればあとは何もしなくてもOKというラクさも魅力です。

## 先取り貯蓄の始め方

**大きく分けて2種類**

勤め先の「財形貯蓄」などの制度を利用する方法と、銀行などの金融機関で自動積立の定期預金を開設する方法があります。勤め先に制度があるときは、給与から天引きすることができ、簡単に始められます。

**貯金の目安額は？**

月収の2割前後を貯金に回すのが理想ですが、まずは1万円など、少額から始めるのもオススメです。

次ページも参考に、毎月無理なく貯められる金額にしましょう。

# 先取り貯蓄の方法

## 貯蓄額のシミュレーション

月収からいくらずつ貯めていくと、３年後どれくらい貯まっているのか見てみましょう。目標額を考えて、先取り貯蓄の金額を設定しましょう。

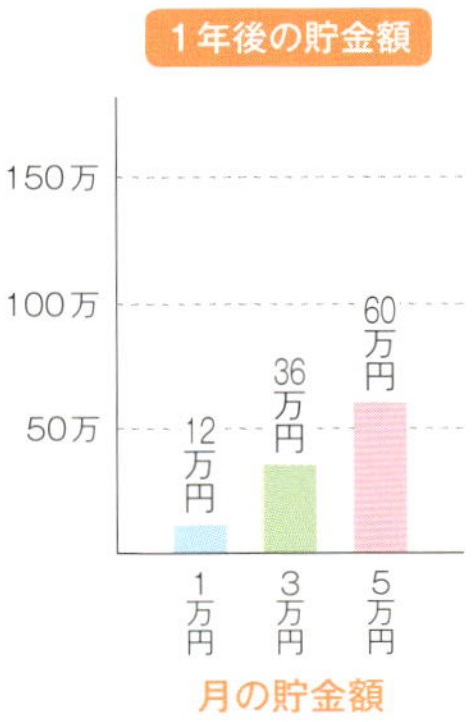


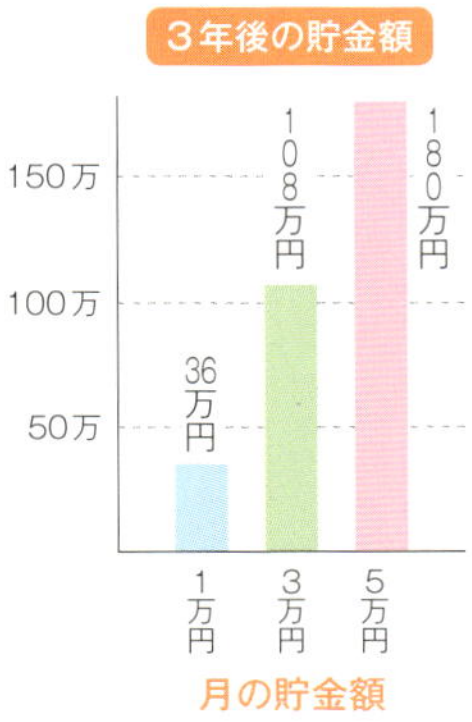

## 財形の種類

勤め先に「財形貯蓄」制度があれば、活用しましょう。利子が非課税になるなどのメリットがある一方、契約の変更などには手間がかかるので注意を。

| 種 類 | 一般財形貯蓄 | 財形住宅貯蓄 | 財形年金貯蓄 |
|---|---|---|---|
| 目的 | 自由 | 住宅購入・リフォーム | 老後の年金 |
| 積立期間 | ３年以上※１ | ５年以上※２ | ５年以上<br>受け取りは60歳〜 |
| 税金 | 利息に対し<br>約20%※３ | 両方合わせて元利合計550万円まで非課税 | |

※１：１年後に引き出し可能に　※２：住宅費としてなら５年未満で引き出し可能
※３：復興特別所得税が付加

困ったときの
貯めテク❸

# 口座の使い分けで お金の流れをわかりやすく

## 生活費の口座は1つに

給与が振り込まれる口座と、クレジットカードの引き落とし口座、日々の生活費を引き出す口座がそれぞれ別になっていませんか。

口座を複数持っていると、家計全体のお金の流れがわかりづらくなるだけでなく、お金を移動する手数料もかかり、貯まりにくくなります。

生活費の口座を1つにまとめると、収支がわかりやすくなり、お金を管理しやすくなります。

**口座の選び方**

給与の振込み先の銀行が会社で決められているときは、生活費の出し入れやクレジットカードの支払いもそこにまとめましょう。給与の振込み先を自分で決められる場合は、近くにATMがあるか、引き出し手数料はいくらかなどを比較して決めましょう。

## 貯金用の口座を持とう

生活費と貯金が1つの口座に混ざっていると、「いくら貯まっているか」が把握しづらくなります。

生活費の口座とは別に、貯金用の口座を開設し、生活費と切り離して管理しましょう。金利が高めに設定されているネット口座などもオススメ。ATMが近所になくても、頻繁に引き出さないのでOKです。

## 銀行の種類とメリット

### 都市銀行・地方銀行

大都市に本店を持つ都市銀行は、全国に支店があり、ATMも多数。地方銀行は地域内の店舗数が多くサービスが充実していることも。

○○銀行
地方銀行は都市銀行より金利が高めなことも

振込みなどの手続きをネット上で行える、インターネットバンキングを利用できる銀行も多くあります。ネットのほうが手数料などがお得なことも。

ゆうちょ銀行
全国どこにでも店舗があって便利

### ゆうちょ銀行

ATMが多いのと、曜日・時間帯を問わずATM手数料無料が魅力。ただし、金利は低めに設定されています。

### ネット銀行

店舗がなく、ネット上で手続きができます。金利や手数料が大手銀行よりお得なケースも多く、提携銀行のATMから引き出せます。

NET BANK
パソコンやスマホでいつでも使える！

銀行を選ぶときは、次のようなポイントをチェックしましょう。
- ATMの場所
- 引き出し手数料
- 利用時間とサービス
- 貯金口座の金利

# 最新サービスを活用して、無理なくお得に！

## 不用品を売って収入にプラス

### フリマアプリを活用

着ていない服やしばらく使っていないものが自宅に眠っていたら、思い切って売ることを考えましょう。

店舗に持ち込むだけですぐに買取が成立するのはリサイクルショップですが、思わぬ高値がつく可能性があるのは、ネットのフリマアプリ。

写真の撮影、商品の発送などの手間はあるものの、最近ではスマホ1つで手軽に出品でき、匿名のまま発送まで済ませられるサービスも。

使っていないものがお金になり、部屋もスッキリするといううれしい効果があります。

## 新しいサービスを利用する

### ファッションレンタル

月額定額制で好きな服をレンタルできる「エアークローゼット」や「メチャカリ」などのサービスも。服は所有するものというこだわりをなくしてレンタルサービスを活用すれば、最新ファッションにも気軽にトライできます。

### 定額制サービス

音楽の聴き放題などでおなじみの定額制サービスですが、最近ではジムやレストランなど、さまざまな業態で人気。頻繁に使うサービスは、定額制を活用するとお得です。

## ネットで不用品を売ろう

### 魅力的な商品写真を撮影

商品写真も大きなアピールポイントです。鮮明になるよう画質を調整するのはOKですが、過度な加工は不自然になるので注意を。

### 商品情報を詳しく記入

商品名や説明はできるだけ詳しく。未使用かどうか示す、家電などは型番まで入れるなど、探す人の目線になって情報を登録。

### 買いやすい価格設定に

価格は出品後も変更が可能。過去の履歴を調べて売りたい商品の相場をチェックするなど、買い手がつくように価格を設定。

### フリマアプリの比較

サービスによって、手数料や出品方法などが異なります。複数のサービスを比較したうえで、使いやすいものを選びましょう。

| アプリ | 手数料 | ポイント |
|---|---|---|
| メルカリ | 売れた時：販売価格の10%<br>購入時：無料※ | 利用者数が多く、購入されやすい |
| ラクマ | 売れた時：販売価格の3.5%<br>購入時：無料※ | 楽天スーパーポイントを利用できる |

※コンビニ決済などの場合は100円

まとめ

# 1か月の振り返りをしよう

## 振り返りのポイント

### 支出や残金をチェック

1か月間、予算を立ててやりくりをしたら、月末（あるいは次の給料日の前日など、予算が切り替わるタイミング）に、振り返りをしてみましょう。

- 残金（収入マイナス支出）は黒字になっているか
- 予算よりも大幅に使いすぎてしまった変動費や予定外の出費はないか
- 固定費の中で、いつもよりも金額がアップしている項目はないか
- レシートを振り返り、満足度の低い買い物をしていないか

### 貯金を確保

先取り貯蓄（→P104）をしている場合は、残金を貯金する必要はありませんが、していない場合は、残金を別の口座に入金するなどして、使わないようにしましょう。

## 振り返りを翌月に生かす

### 無理とムダを減らす

やりくりに無理があったところは翌月の予算を多めに、ムダ買いをしたところは抑えめにするなど調整を。

### 満足度を高める

使った金額だけでなく、満足度も振り返ると、翌月にどんな買い物をすべきか見えてきます。

## 1か月を振り返ろう

### 振り返りシート

予算を立ててやりくりすると、実際の支出と合う項目、合わない項目が見えてきます。１か月やりくりをして無理なところがあれば、配分を見直しましょう。

| | | 実際 | 予算 |
|---|---|---|---|
| 手取り収入 | | 円 | 円 |
| 貯金 | | 円 | 円 |
| 支出 | 住居費 | 円 | 円 |
| | 食費 | 円 | 円 |
| | 水道・光熱費 | 円 | 円 |
| | 通信費 | 円 | 円 |
| | 保険料 | 円 | 円 |
| | 被服・美容費 | 円 | 円 |
| | 交際費 | 円 | 円 |
| | 娯楽費 | 円 | 円 |
| | 教育費 | 円 | 円 |
| | 医療費 | 円 | 円 |
| | 日用雑貨費 | 円 | 円 |
| | おこづかい | 円 | 円 |
| | その他雑費 | 円 | 円 |
| 支出合計 | | 円 | 円 |
| 残金（収入－支出） | | 円 | 円 |

**収入・支出・残金を記入する**

支出は項目ごとに分けて、予算と実際に使った額を記入します。項目はわかりやすいようにアレンジしてOK。

↓

**予算と支出を比べる**

予算と実際の支出を比べましょう。予算オーバーした項目は、その原因を振り返ります。

例 飲み会が続いて交際費が増えた

↓

**個別のレシートをチェック**

たまったレシートを振り返り、満足度の高いものと、そうでないものの違いを分析します。

例 つきあいで参加した飲み会は満足度が低い

↓

**翌月に生かしましょう!!**

1か月で貯めマインドを身につける

これから
先取り貯蓄
頑張ろうっと
うん、
いい感じ！
イテテ
メールを
送信
カチ
…あれ？
嘘…
違う資料を
取引先に送っちゃった
サーーッ
…はい、
申し訳ありません
…
ずーーん
今日、
飲みにいこ
かんぱーい
えーとね
エビマヨと
エビチリと
エビチャーハンと…
ハイ…
先輩、
頼みすぎじゃ
なんで
エビばっかり

やっぱ私にはムリ〜
いいの！節約もつかれた〜！
ビールおかわり〜
もう、飲みすぎです！
お水くださーい
スッ
大丈夫ですか
!!
!!
えっ 夢？幻？
のみすぎた？
本物です
根尾先生？本物？
ツンツン
負のスパイラルにハマってますね
そんなときは無理は禁物です
えっ？
もっと頑張れって言われるのかと
よかったら今度これに来てみませんか
じゃ!!
セミナー
先生って本当にいるんだね
CGかと思ってた
アプリの人かと…

大盛況ね
人気の先生だったんだ
ですね
受付
もうすぐ始まるワン
ピリッ
おつかれさま…
受付
突然ですが皆さんはいま、無理をしていませんか？
ダーン！
貯まる！モチベーションアップ術！
こちら
貯金もダイエットも常に同じペースで続けるのは難しいもの
しんどいと思ったときは休んでもいいんですよ
そうそう
なるほど
確かに私、最近ちょっと無理してたかも
負のスパイラル
仕事でバタバタ → 節約でイライラ → ミス連発
欲しい～でも節約～
何回目!?
スミマセン…

貯金はコツコツ続けてゆくもの
楽しくてやる気が続く貯め方を探してみましょう
GOAL
よっしゃー!!
自分のタイプに合うものを選ぶのが大切です
貯金をグラフ化したり
貯まってキターッ
信頼できる人に相談したり
いつでも♪
そっか…
いろんなやり方があるんだ…
そうよ
一人で頑張らなくていいのよ
ですよ
みんな…
元気が出たらお腹減ってきちゃった
ここ行かない? クーポンあるの♪
THE EBI
もうエビは勘弁!

# 無理しすぎると、リバウンド散財に

予算を決めてやりくりすることに慣れていないと、無意識の緊張感が生まれます。やりくりを成功させたいと思うあまり、普段なら買っているものをガマンしたりして、ストレスがたまってきます。あまり無理をしすぎると、「もう私にはできない!!」と爆発し、一気に散財することも。

これまでガマンをしたぶん、こうした「リバウンド散財」は大きな金額になりがちです。しかし、リバウンド散財してしまったからといって、これまでの頑張りがすべて失われるわけではありません。多少波があるのは普通のこと。その波を乗りこなしていくくらいの気持ちで進めばいいのです。

ここでは、やりくりに疲れたり、リバウンド散財してしまったときなどに、貯めマインドを取り戻し、心も体も元気になるコツを紹介します。

何事も、モチベーションが下がっては続けられないもの。貯めマインドを育てていくには、少しずつでもあきらめずに続けていくことが大切です。

## リバウンド散財を防ぐコツ

### ストレスはマメにリセット

リバウンド散財を防ぐには、無理しないことが大切。自分に合ったストレス解消法を見つけ、気分転換をしましょう。

### ガマンせず楽しくお金を使う

「これがしたい」という気持ちがあると、ほかのものをセーブしやすくなります。自分の「好き」に目を向けましょう。

### 日々の支出にこだわりすぎない

毎回「使いすぎ？」などとビクビクする必要はありません。1か月の中で予算内に収まればOKと、おおらかにとらえましょう。

リバウンド散財するということは、それだけ頑張ったということでもあります。自分を責めるのではなく、頑張った自分をほめて、無理のない方法を再検討して。

# 自分に合った貯め方を見つけよう

性格や個性によって、モチベーションを上げる方法はさまざまです。「ここまでできた」と達成感を持つことがやる気につながることもありますし、簡単なやり方に切り替えることで、続けやすくなることも。ここでは、P20で紹介したお金タイプごとに、やりくりに疲れたときにモチベーションをアップする方法を紹介します。

やりくりは難しいと感じながらも気合いで何とか乗り切ろうとすると、必ずほころびが出ます。そんなときは無理をせず、自分の心の声に耳を傾けて。今のやり方を続けるのが苦しいのであれば、予算を見直す、貯金の目標額を修正するなど、自分に合う方法を見つけましょう。

大切なのは、お金との付き合いが苦痛にならないこと。タイプ別・貯めテク（↓P90～）もあわせて確認し、自分に合った方法を試しましょう。

## タイプ① 達成＆満足でモチベアップ

### 貯まった金額を「見える」化

記帳をして残額を確認したり、貯まった金額を棒グラフにしたりと、これまでの頑張りを目で確認すると、達成感が得られます。

少しでも貯まったのが実感できると、うれしいもの。お金を使うことばかりでなく、貯めることに喜びを感じられるようになると、やる気アップ。

### 満足度の高いご褒美を決める

月に一度、とびきりのご褒美を用意するなど、自分へのご褒美を考えましょう。前向きな気持ちになれます。

ストレスがたまってくるとお金についての判断力が鈍り、満足度の低いものに使ってしまうことも…。できればその前に使い道を決めておくと◎。

## タイプ② 自分軸でモチベアップ

### 「自分比」で考え、ほめる

衝動買いが先月より減った、1万円多く貯まったなど、過去の自分と比べて、できたことを評価します。自信がやる気につながります。

「友人は転職して収入が上がったのに、自分は…」など、他人と比較して落ち込みがちな人は、以前の自分と比べて成長を認めるようにしましょう。

### 自分ルールをつくる

「飲み会は月2回まで」など、自分が心地よく過ごせる買い物ルールをあらかじめ決めておくと、周りに流されにくくなります。

付き合いでつい出費してしまうなど、他人に流されがちな人は、一人の時間を大切にしましょう。考えるときは、スマホなどの情報源もいったんオフに。

## タイプ③　目標設定でモチベアップ

### ゲーム感覚で取り組む

目標達成に燃える性格を生かして、やりくりをゲーム感覚に。節約メニューを考えて、レシピをSNSにアップするのがオススメ。

誰かに認めてもらうとモチベーションアップ

「今月は残り○万円しか使えない…」と思うか、「残り○万円で何ができるかを考えよう」と思うかは、自分次第。気負わず、ゲームをクリアする感覚で。

目指せ独立開業！

### 目標を明らかにする

向上心の高いタイプは、明確な目標を立てることで、モチベーションが上がります。やるべきことも見えて、計画的に。

「○万円貯めて、独立開業する」「貯金額を達成したら、新しい趣味を始める」など、はっきり目標を定めることで、モチベーションのスイッチが入ります。

## タイプ④　安心＆喜びでモチベアップ

### 信頼できる人に話す

不安になったら、お金のことに詳しい知人やFPなどの専門家に相談するのも手です。現状を話し、アドバイスをもらいましょう。

話すうちに、
不安も和らいでいきます

ある程度お金が貯まったら、貯蓄ではなく投資（→ P180）に回す方法も。安定志向のタイプ④は、専門家の意見を参考に、堅実な一歩を踏み出してみては。

おいしいケーキが
買えた！
CAKE

### お金を使ったらほめる

ガマンしたことではなく、お金を使ったことをほめましょう。「これくらいは使ってもいいんだ」と思うことで、安心感が増します。

タイプ④の人は、将来への不安からガチガチに節約し、負担が増して挫折することも…。お金は自分を幸せにするもの、使うためにあるものという意識改革を。

## タイプ⑤　ゆるワザでモチベアップ

### ハードルを下げる

予算のジャンル分けが複雑だったり、口座の出入金が面倒だったりすると、挫折の元。やり方をシンプルにして、ラクにできるように。

「お金＝面倒」のイメージから離れることが大事。自分に合わないやりくり法が原因で挫折しそうなら、やりくりの項目を減らすなどしてハードルを下げて。

### 休むことも大切に

やりくりからいったん離れ、頭の中を空っぽにしましょう。こまめに休みを入れ、リフレッシュすることで、やる気をゆるくキープ。

お金のことは一切考えずに、しばらく休むのもあり。無理強いはせず、自然にモチベーションが上がるのを待ちましょう。

## みんなのお金データ③

女性の年齢別の平均給与を見てみましょう。年齢が高くなるにつれ給与が伸びる傾向にある男性に対し、女性は年齢による給与の変化が少なくなっています。その背景には、結婚や出産といったライフステージの変化も影響していると考えられます。

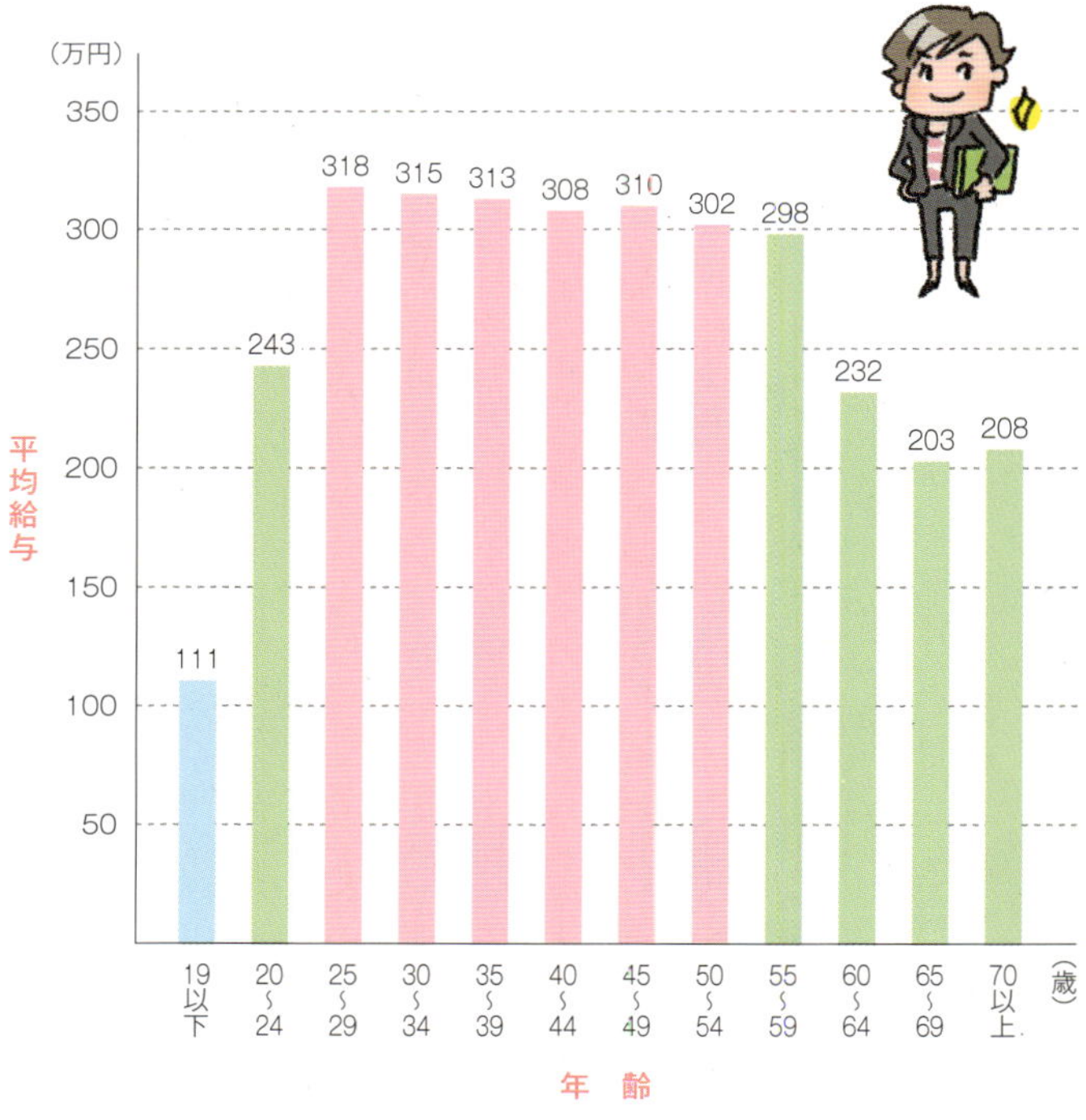


出典：国税庁長官官房企画課「民間給与実態統計調査」2017年版より
※1年を通じて勤務した給与所得者が対象

chapter 4

# お金プランを立てて幸せになろう

習い事に
こんなに
ハマるなんて
勇気出して始めてよかった
来週も楽しみ！
ピロリン♪
インスタで作品見たよ
今度、パーティーの
飾りつけ頼めない？
わーい
やった～！
喜んで
ピピピピピピ
もっと本格的に
やってみたいな
でも
どうしたら
いいんだろ…
お金を使うことに
消極的だった優子さんが
こんなに成長するなんて
先生
うれしいっ!!
わ!!
じつは…
うんうん

フラワーアレンジの先生になりたいっていう夢ができたんですけど
どうしたらいいかわからなくて
それなら将来の夢をふまえて人生とお金のプランを立ててみては？
具体的な時期とかかるお金を書き出しましょう
フラワーアレンジの先生になる
● 19年9月～ フラワーアレンジのプロコースの教室に通う（月1万円）
● 20年4月～ 副業開始（先生のアシスタントに）
● 21年4月～ 独立？（独立資金100万円）
えーと
書き出すだけで急に実感がわいてきますね
後日
カシャ
スゴーイ
ステキ
カシャ
キレイ
カシャ
今度お願いしたい
パーマかけてイメチェン
私も
ステキ…!!
優子ちゃん最近イキイキしてるよね
よし！私も頑張る

# お金は夢を叶えるためのツール

これまでの章では、お金への苦手意識をなくし、好きなものやことを大切にしつつ、予算の中でやりくりする方法を提案してきました。

ここからは、もう少しスパンを広げて考えます。「人生のお金」をテーマに、お金と上手に付き合うことで、やりたいことを実現する方法を紹介していきます。

あなたは、何のためにお金が必要だと感じていますか。
あなたは、お金を貯めてどんな生活を送りたいですか。

趣味にお金をかけたい。好きな仕事で独立したい。マイホームを持ちたい。子どもの教育費を貯めたい。お金が必要な理由は人それぞれです。叶えたい夢や目標があるからこそ、節約や貯金に励む気持ちもわいてくるというもの。

ポイントは、あくまで「叶えたいこと」が主役ということです。

やりたいことや叶えたい夢について考える時間を持ちましょう。お金は、それを助けてくれる力強いツールになります。

お金のやりくりを始めると、1円でも多く貯めることがゴールになってしまう場合も。しかし、やりたいことを見失った状態でお金だけを追い求めても、幸せを感じられなければ、本末転倒になってしまいます。

どんなに小さなことでもいいので、「やりたいこと」ありきでお金について考えてみましょう。すると、「この時期までにこれだけ貯めよう」「今のうちにこんな準備をしておこう」と、明確なプランができ、1年後、2年後を見すえた行動がとれるようになります。夢が叶う確率が上がりますよ。

## やりたいことがお金になる時代

やりたいことでお金を得るなんて、できっこない。そう思っていませんか。確かに、絵の才能を発揮して一流の画家やイラストレーターとして食べていくということは、誰もができることではなさそうです。しかし、プロという肩書きに縛られなければ、好きなことでお金を得るのはそう難しいことではありません。

無料サービスをお金に変える方法をビジネスの世界では「マネタイズ」と言いますが、自分の隠れた能力を発見してマネタイズできれば、人生の選択肢が増え、お金に困らずに自由に生きることができます。

自分が当たり前にできることや、人からほめられたこと、やっていても苦にならないことなどを挙げてみましょう。ポイントは基準を上げすぎないこと。「100点」でなくても、「60点」が取れることなら、十分ビジネスチャンスになります。

イラストが好きならそれを周りに公言したり、SNSにアップしたりしましょう。

あなたが好きなことや得意なことを３つ挙げてみましょう。一つひとつはありきたりに思えることでも、その組み合わせが新しいビジネスにつながるかも。

インターネットが普及した現代では、需要と供給のマッチングがしやすくなっています。地道に発信していたら、イラスト一本で食べてはいけなくても、フリーペーパーや社内報の挿絵を描く仕事を依頼されることは十分ありえます。今の収入をキープしつつ、好きなことでお金を得ることも夢ではありません。

最近では、副業を解禁している企業も多くあります。フリーランスの人口も増え、さまざまな仕事の枠組みが取り払われて、より自由に、柔軟に仕事をすることが可能になっています。あなたも自分の隠れた才能を探してみましょう。

# 「2年後の自分」を想像してみよう

突然ですが、あなたは2年後、どんな生活を送っていたいですか。

時代はものすごいスピードで変化しています。10年後の未来を予測するのはとても難しいことです。今の仕事が10年後も同じように存在していて、お給料が増え続けているという保証はありません。

遠い将来は予測できないからと、半年後、1年後などの手近なところだけを見すえると、「現状維持」ばかりに意識が向いてしまいます。その結果、「すぐにはできないけれど、いつかやりたいこと」を実現するプランが立てづらくなってしまうのです。

そこでオススメしたいのが、2年後という絶妙な長さの未来を考える、ライフプランの設計です。2年という長さは、今の自分と地続きでありながらも、より理想に近い姿を思い浮かべるのにちょうどいい期間だと考えられます。

・今の仕事を続けている？　別の仕事をしている？

２年後の姿→１年後の姿→半年後の姿と、逆算して考えていくと、具体的にどんな行動をとったらいいのかが見えてきます。

・別のことをしているとしたら、どんなこと？
・結婚している？　していない？
・休みの日の過ごし方は？

2年後にこうありたいという姿を具体的にイメージしましょう。イメージできたら、そこから逆算して、今何をしたらいいのか、どんなことにどれくらいのお金を用意したらいいのかを考えます。

状況が変われば、ライフプランも変わるもの。かっちり固めるのではなく、まずは2年くらいのスパンで取り組んでみましょう。

ワーク❶

# ライフワークを見つけよう

ここでは、P130をもう少し掘り下げて、自分が本当にやりたいこと（ライフワーク）を見つける方法を紹介します。

ライフワークというと、人生をかけて取り組む大仕事のように思われるかもしれませんが、ここでは規模の大小は問いません。また、すぐにお金には結びつかない趣味のようなものでも構いません。要は、自分がこれからも付き合っていきたいと思える「好きなこと」「得意なこと」を見つけるのが大事なのです。

自分のライフワークはこれだとわかれば、それを軸にしてお金について考えることができます。趣味を生かして副収入を得るチャンスもあるでしょう。その結果、計画的にお金を貯められたり、満足のいくお金の使い方ができるようになります。

趣味と仕事は別物だという考えもあります。しかし、好きなことだからこそ、他の人が喜ぶ「付加価値」を提供できる可能性も。それは、この先どれほどコンピューターが進化しても、置きかえられることのないあなただけの強みだとも言えるでしょう。

## ライフワークの見つけ方

**❶自分ができることを書き出す**

自分がこれまでに続けてきたこと、できて当たり前と思っていることを書き出します。満点でなくても、及第点ならOKとします。

**❷人に頼まれたことを振り返る**

「○○さんに幹事を任せると、スムーズ」など、人からほめられたことや頼まれたことを振り返り、①にプラスして書き出します。

**❸やりたいことを探す**

書き出したことの中から、これから先自分が掘り下げていきたいことや、深めていきたいテーマを探しましょう。

「仕事は苦労してするもの」という思い込みをはずして、「自分が好きなことやラクにできることでお金を得てもいい」と自分に許しましょう。

ワーク❷

# ミニライフプランを立てよう

ライフワークが見つかったら、それをふまえてライフプランを立ててみましょう。

ライフプランというと、10年くらい先の将来をふまえて立てるものをイメージしがちですが、「そんな先のこと考えられない」という人も多く、立てることでくじけることも。ここではハードルを下げ、「2年」のスパンで取り組んでみましょう。また、家族の予定などもあまり考えず、「自分の夢」「ライフワーク」に特化したプランにまずはトライ。慣れてくれば、これを長いスパンのライフプランに応用できます。

まずは、2年後という近すぎず遠すぎない将来に自分がどうなっていたいのか、どのように過ごしていたいのか、想像してみましょう。そして、そこから逆算して、やりたいことや必要なお金について考えましょう。

2年後までのミニライフプランを立てることで、具体的な行動や貯金の目安になり、いつか叶えたい夢を実現しやすくなります。

## ライフプランの立て方と共有の仕方

### ❶2年後の自分を想像する

2年後にこんなふうになっていたいという姿をイメージし、書き出します。ライフワークとの関わり方についても盛り込んで。

↓

### ❷逆算して計画する

2年後の自分を実現するためにどうしたらいいか、逆算して書き出します。まとまったお金が必要な項目は、メモして具体的な対策を。

↓

### ❸必要な貯金額を割り出す

「2年後までに30万円のスクール代が必要」なら、それを残り時間（ここでは24か月）で割ると、月々の貯金の目安になります。

パートナーや大事な仕事仲間、友人などに話すと、協力が得られたり、いい影響を与えあったりすることができます。

# コミュニティに参加しよう

終身雇用が崩れ、会社には頼れない時代。困ったときに助け合える仲間を増やしておくことが、一番のリスクヘッジになります。

#おしゃれさんとつながりたい
このコーデが好きな人、結構いるんだ

### Web上のコミュニティ

好きな芸能人やファッションなど、テーマは何でもOK。Facebookなどの SNS で、自分がコミュニティを立ち上げるのもオススメ。

実際に集まるオフ会があることも
先生♡
先生♡

### オンラインサロン

月額定額制の Web コミュニティで、無料のサイトでは得られない良質な情報を得られたり、共通の趣味を持つ人と交流できます。

オンラインサロンの中には、ビジネスにつながるものもあります。実業家や作家など、自分の好きな人が主宰している場合はチェックしましょう。

### クラウドファンディング

自分のしたいことをネットで表明し、賛同者から資金を集める仕組み。資金がなくてもアイデア次第で新しいことにチャレンジ可能。

Flower
お花の本
Flwr

地域の習い事なら安価で始められる！

### 地域のサークルや習い事

リアルに人とつながるには、地域の集まりがオススメ。世代を問わず、近所に信頼できる知人ができると、安心感にもつながります。

番外編

### シェアリングエコノミー

必要なときにモノやサービスを貸し借りする新業態。料理を届けてくれるUberEATSなどのほか、家事代行など多様なサービスが。

取引相手の信頼度はレビューでチェック
ふ～ん
家事代行サービス
★★★★☆

あのさ…
んっ？あとちょっとで家計簿終わるから
ちょっとまってて
家計簿続いてるね
仕事の繁忙期に挫折しかけたんだけどモチベーションアップ術で乗り切ったの
貯まってる貯まってる
10万円
貯まったお金を大きくメモ
あのさ そ、そろそろしょ、しょうらいのこと…
もしかしてそれって…
プロポーズ!?
まあね
えーおしゃれなレストランとかで言ってよ～
もう一回♡
ポカポカ

先輩
優子ちゃん
お弁当食べましょ
さっきから
ため息ばっかり
ふぅー
あら？…
どうしたん
ですか？
物件を見に行ったら
夫が舞い上がっちゃって…
でも私は
決められなくて
今だけ!!
頭金ゼロで
買えます！
マンション
ちょっと
まってよ!!
買うっ
よしっ
今すぐ
申し込もう！
いい条件なら
買わなきゃ
ソンですよ！
先輩!!
マンションは
大きな買い物ですよ
バーゲンで
服買うんじゃ
ないんです
教育費とか
老後の備えも
考えて
決めないと
ビシッ
教育費
老後
そのとおり
にゅっ

将来やりたいことや決まっている予定を整理すれば、家を今買うべきかもわかるワン
それが難しくて…
ホレ
パチパチ
じゃーん
そんなときにはライフプランシート！
子どもの入学や卒業などすでに決まっているイベントを入れて
ライフプランシート
年 2019 2020 2021
イベント 長女小学校入学 車買いかえ 旅行
お金 15万円 250万円 10万円
夢や理想の暮らしもどんどん書き出すワン
夢がふくらむわ～
服も欲しいし
旅行にも行きたい♪
全部叶えてたら貯金なくなるでしょ
予算の中でやりくりするには何が自分にとって幸せかを見極めることが大切
1
2
3
優先順位の高いものに予算を

私の夢は…
子どもの入学までにはマンションを決めたい
年に1回は旅行に行けたらいいな
現実の収入やライフイベントをふまえて計画&調整するのだワン
夢だけつめこんでも
挫折！
バッグ
旅行
家
こんなにできない
現実だけでも
挫折！
予算
ずしっ
ガマンガマン…
楽しくないっ
よしっ
子どもの入学までにマンションの頭金を貯めるわ！
旅行は近場の温泉かな
本当に叶えたい夢が見えればやりくりも上手に！
ねっ
私もやってみよー♪
私もライフプラン、考えてみよう

# 人生をプランニングする

結婚して家族ができたり、転職したり、両親の介護に直面したり…人生にはさまざまな出来事が起こります。そのすべてを予測することはできませんが、ライフプランを元にある程度の備えをしておくことで、予想外の出来事にもあわてず対応できます。

P136では、ライフワークをもとに2年後の自分をイメージし、ライフプランを立てる方法を紹介しました。また、ライフワークの定義として、仕事だけでなく趣味などの「好きなこと」も含めて考えることを提案しました。

今度はもう少し視野を広げ、5つの柱からライフプランを肉付けしていきましょう。

5つの柱とは、仕事、趣味、家族、友達、健康です。仕事と趣味については、ライフワークのところで説明したとおりです。他の柱として、家族、友達、健康について、2年後の状態をイメージしてみましょう。たとえば、こんな形です。

ライフプランを立てたら、同じ時期にイベントが重ならないか、予算的に難しくないかを考えて、調節しましょう。

・2年後に幼稚園に入園する息子に自転車をプレゼントしたい
・40歳になったら人間ドックに行き、健康管理にはいっそう気をつける

仕事や趣味以外にも、お金の出し入れが発生する項目が多くあるはずです。

家族については、パートナーや子どもだけでなく、自分やパートナーの両親についても考えるといいでしょう。

とくに健康は、すべての土台となる重要なもの。ふだんから健康管理には気をつかい、もしもに備えるお金（↓P160）や保険の種類（↓P176）についても調べておきましょう。

# 2年後のライフプラン

❶下記の5つの柱をテーマに、2年後の自分がどうなっていたいか書き出しましょう。

### 仕事

例 Web業界に転職する

### 趣味

例 本格的な一眼レフカメラを購入する

### 家族

例 父の還暦祝いに旅行をプレゼント

### 友達

例 同窓会に参加する

### 健康

例 人間ドックを受診

❷右ページに記入したプランを２年後までの時期に落とし込み、その他の予定や必要なお金についても書き出しましょう。

| 西暦 | | 年 | 年 | 年 |
|---|---|---|---|---|
| 家族 | 名前 | 歳 | 歳 | 歳 |
| | 名前 | 歳 | 歳 | 歳 |
| | 名前 | 歳 | 歳 | 歳 |
| | 名前 | 歳 | 歳 | 歳 |
| イベント | | | | |
| 入るお金 | | | | |
| 出ていくお金 | | | | |

上記のライフプラン表をもとに、状況に応じて５年、10年のライフプラン表を作り、住居費や老後の備えなど長期のプランを検討することも。

# 働き方を変えて収入アップ

働き方を変えて収入をアップする方法や、副業を持つことで収入を増やす方法など、高収入を目指す道はいろいろあります。

**正社員**

平均年収は約 494 万円。ボーナスや各種手当があり、収入は安定。産休・育休など女性が長く働ける体制がとられている会社も。

育休後の時短勤務制度などが
充実している会社も

**非正規社員**(パート・アルバイトを含む)

派遣社員やパートなど非正規社員の平均年収は約 175 万円ですが、業種によって大きな差が。自分の意思で柔軟に働けるメリットも。

出典：国税庁「民間給与実態統計調査 2017年」より

女性の場合、結婚や出産などのライフステージの変化によって、働き方を変更するケースも。働き続けたほうが世帯収入のアップにつながります。

### 専業主婦（夫）

家事や育児に専念し、パートナーの収入で家計をまかないます。下記のように、税金や社会保険料が免除されます。

### 年収で変わる、税金の負担

専業主婦が仕事を始める場合、これまで免除されていた税金や社会保険料の負担が生じることに注意が必要です。収入が増えるほど負担も増えますが、そのぶん将来の年金額などに反映されるので、目先のことだけでなく、将来も見越して検討しましょう。

#### 年収で変わる税金と社会保険料

| 年収 | 負担の変化 |
|---|---|
| 100万円～※1 | 住民税がかかる |
| 103万円～ | 所得税がかかる |
| 130万円～※2 | 配偶者の扶養を外れ、社会保険料を負担 |
| 150万円～ | 配偶者特別控除が減る |

※1：地方自治体により異なる
※2：企業により106万円～の場合も

# 住む場所を自由に選べる時代

これまでのページで2年後のライフプランを立てることをオススメしましたが、2年後のあなたは、どんなところに住んでいるでしょうか。

勤め先に近い場所にマンションを購入して、バリバリ働きたい。都心を離れて、田舎で自然に囲まれた暮らしをしたい。この前旅行に行って楽しかった海外に移住したい。思い描いた場所も、その理由も、人によってさまざまでしょう。

住宅にかかるお金についてはＰ162で紹介するとして、ここでは、住む場所によってかかるお金が変わってくるということについて説明しましょう。

仕事の都合で今の場所から離れることができない。そう思っていませんか。最近では、企業がリモートワークの環境を整えたり、さまざまな仕事がアウトソーシングされるなど、ネットにつながってさえいれば、どこでも仕事ができるようになってきました。複数の企業から仕事を請け負い沖縄で暮らすＳＥ、知る人ぞ知るレストランを地方にオー

### 都道府県別・家賃ランキング

出典：平成25年住宅・土地統計調査（総務省統計局）

| 1か月あたりの家賃の高い都道府県 | |
|---|---|
| 東京都 | 77,174円 |
| 神奈川県 | 67,907円 |
| 埼玉県 | 58,675円 |
| 千葉県 | 56,855円 |
| 大阪府 | 53,603円 |

| 1か月あたりの家賃の安い都道府県 | |
|---|---|
| 青森県 | 36,529円 |
| 岩手県 | 36,679円 |
| 秋田県 | 37,158円 |
| 福島県 | 37,410円 |
| 鹿児島県 | 37,687円 |

家賃相場は地域によって大きく変わります。住みたい場所が見つかったら、近所のスーパーにも立ち寄り物価をチェックすると、リアルな生活をイメージできます。

プンしたシェフなど、これまでの仕事を続けながら、自分の好きな場所に住まいを移している人も多くいます。

これまでの収入をキープしたまま地方に移住することで、住居費をはじめとした生活コストが下がり、自由に使えるお金が増えるケースもあります。

移住するほどの大きな変化でなくても、住む町を変えることで、環境も生活コストも大きく変わります。「○○でなければ」「○○しかない」というこだわりを取り払い、どんな暮らしをしたいか考えてみてはいかがでしょうか。

# 持ち家はあなたにとって本当に必要？

住宅購入は、人生の中で最も大きな買い物だと言われます。確かに、数千万円の住宅をローンで購入し、この先何十年もお金を払い続けるとなると、相当な覚悟が必要です。それだけに、失敗したくないと考えて踏み出せなかったり、ローンの年数のことを考えて早く決断しなければと焦ったり、はたまた家族と意見がくい違って不仲の原因となったり…さまざまな悩みが発生しがちです。

そもそも、住宅はどうしても買わなければならないものでしょうか。これから先、ずっと家賃を払い続けるのはもったいない。高齢になると賃貸住宅を借りづらい。こうした理由で購入を検討する人も多いかもしれません。しかし、住宅を購入すれば、転職や転勤、子どもの進学などによって住む場所を変えたいときに対応しづらいというリスクも。

つまり、住宅購入は一長一短であり、その決断は、あなたや家族がどう暮らしたいかというライフプランによって変化するもの。周りに流されて買わなければと思っている

### 持ち家・賃貸のメリットとデメリット

**持ち家**

メリット
- 老後の家賃負担がない
- リフォームしやすい
- 土地と建物が財産になる

デメリット
- 住宅ローンの負担がある
- 住み替えしにくい

**賃貸**

メリット
- 住宅ローンの負担がない
- 住み替えしやすい

デメリット
- 老後の家賃負担がある
- リフォームできない

「購入する物件の想定家賃×200」が物件価格より高ければ、住めなくなったときにローンの残額以上で売ったり、月々の返済額以上で貸したりできる可能性も。

だけで、本当はそこまで「叶えたい」夢ではないのなら、持ち家にこだわらずに柔軟なライフプランを考えることもできます。

また、最近では中古住宅の市場も注目されています。同じ立地でも、新築と中古では価格には大きな差が。中古で購入し、ライフステージが変わったら中古で売って手放す。そんな暮らし方も考えられるのです。

持ち家ありきで考えず、本当に実現したいことを優先したライフプランを検討してみてはいかがでしょう。

## プランは3か月ごとに見直す

ここまで、ライフプランを考えるときのコツや、住宅購入という大きな買い物についての心構えを見てきました。ざっくりとでも、「2年後はこうありたい」という自分や家族の姿がイメージできたでしょうか。

ライフプランを考えたら実行に移すのみですが、具体的に取り組む中で状況が変わったり、思いどおりに進まないこともあります。また、この先多くの仕事がＡＩに置きかわる一方で、これまでになかった仕事が生み出されるとも言われています。仕事とお金を取り巻く環境が変わる中、どのように働いてどのようにお金と付き合っていくのかを、その都度見直していくことが重要です。

ライフプランの見直しは、3か月ごとを目安に行うといいでしょう。2年後から逆算した行動がとれているのか、予想外の出費などが発生していないかを、年4回、四半期ごとに考えます。

ライフプランを見直すときは、上記のようなポイントを考えましょう。予定外の大きな出費があったときには今後の予定や必要額を調整し、ムリなく進めます。

また、見直すなかで、当初のゴール自体が変わっても問題ありません。ライフプランは更新すればするほど、これまでのトライ&エラーが蓄積されます。そして、より精度の高いものになるでしょう。

ここからは、お金のことをより具体的に考えられるよう、結婚や子育て、住宅、健康などに関わる費用の目安を紹介します。目標とする時期までにどうやってお金を準備するか、貯金プランを練っていきましょう。

ここまできたら、あなたの貯めマインドは十分育っています。

ライフイベントの費用❶

# 結婚・離婚にかかるお金はいくら？

## 結婚は人生の一大イベント

結婚が決まると、結婚式や新婚旅行、新生活の準備など、さまざまなお金がかかります。

とくに結婚式にはまとまったお金が必要になります。どんなイベントにしたいか、パートナーと話し合って優先順位を決めておくと、限られた予算内で満足のいくイベントにすることができるでしょう。

### ご祝儀と親からの援助

挙式・披露宴・披露パーティーにかかる費用のうちの一部は、ご祝儀や両親からの援助をあてることもできます。親からの援助には贈与税はかかりません。

## 離婚もお金がかかる

離婚することが決まった場合も、さまざまなお金がかかります。

離婚に至る原因が浮気や暴力などパートナーに損害を与えるものであった場合、慰謝料を払うことに。また、子どもがいる場合は、子どもを引き取らないほうが養育費を支払う義務があります。

### 財産分与など

結婚後に貯めたお金は夫婦の共有財産となり、離婚後も夫婦で分け合います。また、年金についても結婚期間中の厚生年金を分け合う「合意分割」などの制度があります。

## 結婚にかかる費用いろいろ

### 結婚式にかかる費用の平均

挙式・披露宴・披露パーティーの費用は平均 357.5 万円、ご祝儀の平均は 232.8 万円。親や親族からの援助があった人は約 7 割。

| 結婚式に関する費用 | |
|---|---|
| 挙式・披露宴・披露パーティー総額 | 357.5 万円 |
| ご祝儀総額 | 232.8 万円 |
| 自己負担額 | 142.8 万円 |
| 親からの援助額 | 174.5 万円 |

パック旅行と個人旅行、どちらにしよう

### 新婚旅行の費用の平均

アンケートでは、結婚したカップルの約 75%が「新婚旅行に行った」と回答。旅行費用の平均は約 60 万円です。

### 新生活にかかる費用

新生活の準備（引越しは除く）にかかった費用の平均は、72.3 万円。うち 40 万円程度が家具とインテリアの費用、残りが家電です。

インテリアは少しずつ買い足そう

出典：ゼクシィ結婚トレンド調査 2018、新生活準備調査 2016

ライフイベントの費用②

# 出産・子育てのお金はいくら？

## 出産には補助金が出る

妊婦検診や分娩にかかる費用は、基本自己負担となりますが、国や地方自治体からもらえるお金でまかなえるケースがほとんどです。

ほかにはベビーカーやベビーベッドなど、新生活に必要なものを準備するお金が10万円程度必要です。譲ってもらったり中古を選ぶ方法も。

## 出産でもらえるお金

**出産育児一時金**

出産すると、健康保険から子ども1人につき42万円が支給されます。分娩・入院にかかる費用の多くはここからまかなうことが可能です。

**出産手当金・育児休業給付金**

働く女性が出産で仕事を休んだ場合、標準報酬月額の3分の2に産休日数をかけた金額が健康保険から支払われます。

出産後、育児休業を取得する場合、雇用保険から育児休業給付金が支給されます。雇用保険に1年以上加入していれば、パート等でも対象に。

## 子育て費の準備は早めに

教育費に加え、食費や被服費、習い事の月謝など、子どもにかかるお金はさまざま。一説では1人につき3000万円かかるとも言われています。プランを立てて準備しましょう。

## 子どもの教育費をチェック

### 教育費の目安（1年あたり）

子どもの進学費用は、国公立か私立か、大学の場合は文系か理系かで大きく変わります。奨学金制度や教育ローンを利用する方法もあります。

| | 国公立 | 私立 |
|---|---|---|
| 幼稚園 | 約23万円 | 約48万円 |
| 小学校 | 約32万円 | 約153万円 |
| 中学校 | 約48万円 | 約133万円 |
| 高校 | 約45万円 | 約104万円 |
| 大学 | 約66万円 | 約136万円 |
| 総額 | すべて国公立の場合 **約804万円** | すべて私立の場合 **約2,314万円** |

出典：文部科学省「平成28年度子どもの学習費調査」・日本学生支援機構「平成26年度学生生活調査」より

教育費の貯めどきは、子どもが小学校低学年頃までの間。それ以降は進学費用や塾、習い事などの費用がかかり、支出が増える傾向に。

ライフイベントの費用❸

# もしものときのお金はいくら？

## ケガや病気に備える

突然のケガや病気で休職が必要なとき、国からどれくらいのサポートが受けられるかを確認しましょう。不足金額を保険（↓P178）や貯金でまかなえると安心です。

### 傷病手当金

ケガや病気で働けないとき、給与の日額3分の2が健康保険から支給されます。期間は休職4日目～1年半まで。自営業は対象外なので注意。

### 障害年金

障害のある状態になったとき、公的年金から障害基礎年金・障害厚生年金が支払われます。

### 高額療養費制度

月の医療費が高額になった場合、上限額を超えた分が健康保険から支給されます。

### 介護休業給付金

家族の介護によって働けないとき、給与の日額67％が雇用保険から支給されます。期間は93日を限度とし、1年以上の雇用保険加入者が対象となっています。

## 住宅購入にも保険がある

住宅ローンの団体信用生命保険に加入していると、死亡や重い障害を負ったときに残りのローン返済が免除されます。

## もしものときってどんなとき？

### 自分や家族の入院

入院経験がある人の直近の入院日数は平均19.1日となっています。自分や家族の入院期間が長引くと、家計に大きな影響を与えます。

出典：生命保険文化センター「平成28年度生活保障に関する調査」より

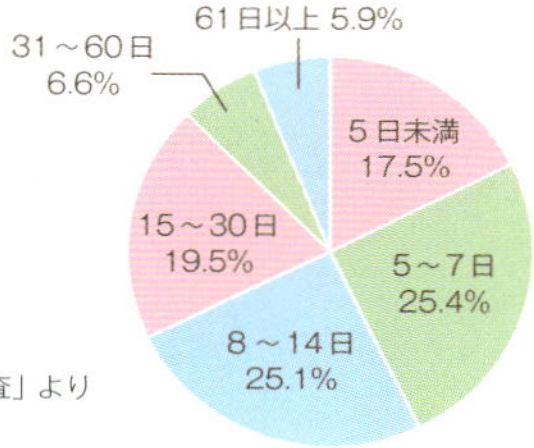
61日以上 5.9%
31～60日 6.6%
5日未満 17.5%
5～7日 25.4%
8～14日 25.1%
15～30日 19.5%

### 両親の介護

共働き家庭が増加する中、親の介護が必要になったときにどのように関わるか、仕事とどうバランスをとるかが問題になっています。

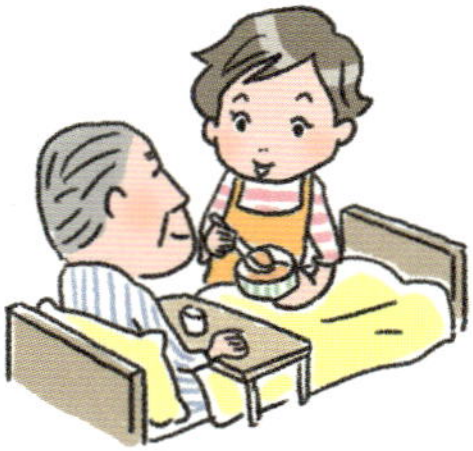

介護者の6割以上が女性というデータも

介護で仕事をセーブすると、収入や貯金プランにも影響が出ます。介護サービスも含め、周りのサポートがどれくらい受けられるかもふまえて考えましょう。

### 自分や家族の失業

雇用保険の加入者が失業した場合、失業給付を受けられます。自己都合退職の場合は、受給開始までの期間が長くなるので注意。

うむ…

失業に備えて100万円をキープ

年金加入者や年金受給者が死亡した場合、一定の条件を満たした遺族には遺族年金が支給されます。年金の種類や子どもの有無などにより、金額が変わります。

ライフイベントの費用④

# 住宅購入にかかるお金はいくら？

## 持ち家？　賃貸？

住宅購入は大きな買い物です。まずは持ち家が必要なのか、賃貸に住み続けたほうがいいのかをライフプランに合わせて検討しましょう。

賃貸に住み続ける場合、定年後の家賃を貯めておく必要があります。

## 住宅購入にかかる費用

### 諸費用と頭金

住宅を購入するときに気をつけなければならないのは、物件価格に加えて、不動産取得税などの税金や不動産業者に払う仲介料などの諸費用がかかってくる点です。諸費用は物件価格の1割程度を想定しておきましょう。また、購入前にできるだけ自己資金を貯め、物件価格の2割程度を頭金として払うと、住宅ローンの返済額を減らせます。

### 住宅ローン

資金計画を立てたら、物件を検討し、契約後にローンを申し込みます。

住宅ローンは民間の金融機関などから借りる「民間融資」のほか、住宅金融支援機構の「フラット35」、財形貯蓄を元に借りる「財形住宅融資」があります。

月々のローン返済額をシミュレーションできるサイトもあります。手取り収入の2割程度など、不測の事態があっても無理なく支払える金額に設定することが重要です。

# 住宅購入にかかる費用いろいろ

## 住宅ローンの金利

借入金には利息がかかります。利息の割合は「金利」と言い、計算方法には大きく分けて３種類あります。どれを選ぶかで返済額が大きく変わるので注意を。

| 種類 | 特徴 | メリット |
|---|---|---|
| 固定金利 | ローン完済まで、金利が一定 | 金利の上昇リスクを回避できる |
| 変動金利 | 経済状況により、主に半年ごとに金利が変更 | 低金利時に返済額が下がる |
| 固定変動選択制 | 固定金利を経た後、変動金利と固定金利を選択可能 | 経済状況に合わせて返済プランを検討できる |

## 住宅ローンのシミュレーション

ローンの返済金額は、金利と返済期間によって変わります。月々の返済額が家計を大きく圧迫しないように、物件価格やローン計画を慎重に検討しましょう。

**金利と返済期間、月々の返済額の関係**　※借入額は概算（単位:万円）

| 月の返済額 | | 6万円 | | 8万円 | | 10万円 | | 12万円 | |
|---|---|---|---|---|---|---|---|---|---|
| 返済期間 | | 25年 | 35年 | 25年 | 35年 | 25年 | 35年 | 25年 | 35年 |
| 金利 | 1.0% | 1,592 | 2,125 | 2,122 | 2,834 | 2,653 | 3,542 | 3,184 | 4,251 |
| | 2.0% | 1,415 | 1,811 | 1,887 | 2,415 | 2,359 | 3,018 | 2,831 | 3,622 |
| | 3.0% | 1,265 | 1,559 | 1,687 | 2,078 | 2,108 | 2,598 | 2,530 | 3,118 |

住宅は、購入後もメンテナンスの費用や税金（固定資産税）などがかかります。マンションの場合は、購入から十数年後に大規模な修繕費がかかることも。

まとめ

# お金と楽しく付き合おう

この章では、ライフプランを立てて、お金について長期のスパンで考えることを提案しました。1週間分のレシートをためて、ムダづかいをしてしまったと反省していた以前のあなたと比べると、大きく成長したと思いませんか。

ライフワークやライフプランを見すえたことで、より大きな理想のためにお金を使おうという意識になると、これまで欲しかったものが欲しくなくなったり、別のものが必要になったりと、お金観も大きく変わってきます。それとともに、あなた自身や生活も変化し、成長していくでしょう。

そもそも貯めマインドは、お金を貯めることだけがゴールではありません。お金の不安をなくし、好きなときに好きなことのためにお金を使える状態にするのは、幸せのため。その幸せは、自分だけでなく、家族や大切な人の幸せでもあるのです。

これからも自分らしいライフプランを立て、軌道修正をしながら、幸せに向かって一歩ずつ歩んでいきましょう。

### お金は貯められる！

お金への苦手意識がなくなり、使いどころと貯めどころがわかれば、好きなことをガマンせずにお金を貯められます。

### お金は怖くない！

お金がなくなったらどうしよう、お金がないと生きていけない。そんな漠然とした不安がなくなれば、自由に生きられます。

### お金より大切なものもある！

ライフプランを検討し、健康や家族、友人について考えることで、お金よりも大切なものがあると実感。生きる意欲がわいてきます。

### 貯めマインドがあれば、人生怖くない！

ここまで読んだあなたは、貯めマインドが十分育っているはず。お金のことを過信しすぎることも、怖がりすぎることもなく、大切に扱えます。

お金と仲良く付き合って、やりたいことを叶えましょう。

1年後
ピンポーン
いらっしゃーい
こんにちはー
おじゃましまーす
おいしい～
咲先輩、ほんと料理上手
もぐもぐ
ほらついてる
それにしても素敵なおうち！
戸建てにしたんですね
リビングの日当たりにはこだわったの
マイホーム購入は悩んだけど、いい決断ができたわ

そうだ!!
これ引越し祝いによかったら
かわいい〜
すごいっ 優子ちゃんが作ったの!? きゃー♡
優子ちゃんは最近、フラワーアレンジの教室を開いたんだよね
節約だけが生きがいだった私がこんなふうになるなんて
インスタでも人気なんです
しみじみ
そういうのぞみちゃんも来月には…
えへへ♡
はい ついに結婚資金貯まりました
3人とも、幸せを手にしましたね
幸せにつながるお金ライフ
それこそが私の理想とする貯めマインドです
これからも楽しくお金とつきあいましょう
このあとのお役立ち情報も見てね
こちら

chapter 5

# 知っていると役に立つお金の知識

ここからは、FPの森先生が
給与や保険、投資などの基本
情報をレクチャーします。

# 知っておきたい給与明細の見方

## 給与から引かれる項目もチェックしよう

給与明細を受け取ったら、会社から支給される「総支給額」から、社会保険料や税金など差し引かれている項目を把握しておきましょう。また、各種手当や有給休暇の日数などが正しく記載されているかも確認します。

### 給与明細のチェックポイント

| | | | | |
|---|---|---|---|---|
| 支給項目 | 基本給 | 職務給 | 役職手当 | 資格手当 |
| | 180,000 | 10,000 | | |
| | 時間外手当 | 住宅手当 | 家族手当 | 通勤手当 |
| | 45,000 | 15,000 | | 8,000 |
| 控除項目 | 厚生年金 | 健康保険 | 雇用保険 | 介護保険 |
| | 23,790 | 12,870 | 774 | |
| | 所得税 | 住民税 | 組合費 | 財形貯蓄 |
| | 5,200 | 9,500 | | 5,000 |

| 総支給額 | 控除合計額 | 差引支給額 |
|---|---|---|
| 258,000 | 57,134 | 200,866 |

※上記はイメージです。

**主な控除項目**

- 厚生年金保険…老後・障害・万一を支える公的年金の保険料
- 健康保険…公的医療保険の保険料
- 雇用保険…失業時の給付などが受けられる雇用保険の保険料
- 介護保険…介護をサポートする保険の保険料（40歳～加入）
- 所得税…所得に応じて国に納める税金
- 住民税…都道府県や市区町村に納める税金

社会保険料は毎年４～６月の月収の平均で決まります。この時期に残業が多いと保険料が上がりますが、そのぶん、年金などの給付にも反映されます。

# 口座の種類と選び方

## 目的に合わせて口座を使い分ける

銀行にお金を預けることを預金（ゆうちょ銀行では「貯金」）といいます。ここでは、預金口座の種類について押さえましょう。また、先取り貯蓄に役立つ自動積立や金利がお得なネット銀行もチェックし、生活費と貯蓄用の口座をうまく使い分けましょう。

### いろいろな預金

預金には、主に次の4種類があります。普通預金と定期預金などを1冊の通帳で管理する口座を「総合口座」と言います。

**普通預金**

お金の出し入れが自由にできます。給与の振り込みや生活費の管理に向いています。

**積立預金**

一定の金額を自動的に積み立てる口座です。少ない金額からコツコツお金を貯めるのに向いています。

**定期預金**

お金を貯めておくための口座です。満期までの預け入れ期間が選べるものも多く、期間が長いほど金利も上昇。

**貯蓄預金**

一定以上の残高があると、金利が高めに。お金の出し入れは自由ですが、給与の振り込みなどには指定できません。

ある程度の金額が貯まると、自動積立から定期預金に移行する口座などもあります。

## 定期預金の「単利型」「複利型」

定期預金の利息の計算方法は「単利型」と「複利型」の２種類。「複利型」のほうがより多くの利息がつくのでオススメです。

### 単利型は毎回利息を受け取る

一定期間ごとに利息を受け取るシステムです。利息がつくのは最初に預けた元本のみのため、長く預けるメリットは少なめです。

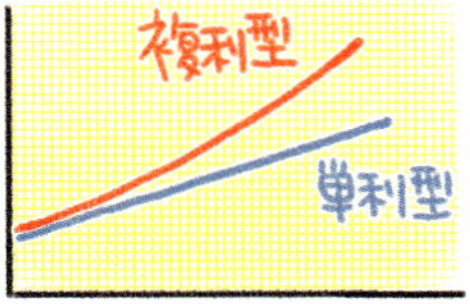


### 複利型は利息が上乗せされる

元本に利息が上乗せされ、その合計額に利息がついていきます。長く預けるほど利息が多くつき、お得になります。

## ネット銀行の選び方

一般的にネット銀行は金利が高め。金利のほか、ATM手数料や他行への振込手数料なども比較しましょう。

| 銀 行 | 普通預金金利 | 定期預金金利（1年） | ATM手数料 |
| --- | --- | --- | --- |
| ソニー銀行 | 0.001% | 0.15% | 無料※1 |
| イオン銀行 | 0.1%※2 | 0.02% | 無料※3 |
| 住信SBI<br>ネット銀行 | 0.01%※4 | 0.2% | 預け入れ無料<br>引き出しは月２～15回無料 |

※1：引き出し等は月５回目以降、108円／回　※2：「イオン銀行Myステージ」のステージにより異なる
※3：他行宛・現金での振込は手数料がかかる　※4：SBIハイブリッド預金の場合

口座開設や取引がネット上で行え便利ですが、引き落とし口座に指定できない場合もあるので、口座開設前に確認しましょう。

知っていると役に立つ お金の知識

# 固定費の節約術

## 一度見直せば その後のやりくりが楽に

固定費とは、住居費や水道・光熱費、通信費など、毎月決まった金額を払うもの。固定費を見直してカットできると、その後は何もしなくても毎月節約ができるので、効果は大。今後のやりくりがグッとラクになります。

### 今後のために検討を

家賃の安い場所に引っ越す、スマホや保険料、光熱費の契約プランを安いものにするなど、固定費の見直しには、比較検討が必要なものが多くあります。

プランを調べたり手続きをしたりする手間はかかりますが、一度カットできれば効果が続くので、長い目で見ると節約ストレスは少なめです。

家族全員の通信費や保険料を見直せば、人数分の節約効果が見込めます。

### 隠れ固定費もチェック

趣味や習い事、アプリなども毎月一定額を払っていれば、立派な固定費に。使っていないものや使う頻度の低いものがあれば、思い切ってカットしましょう。食費などの変動費を切り詰めるより、ストレスなく取り組めて大きな節約になります。

- カードやジムの会費
- 習い事の月謝
- アプリの使用料

## 固定費の見直しをしよう

固定費の中には、毎月数万円単位で払う高額なものがあります。節約しても問題ないと思える項目があれば、優先してカットしましょう。

### 住居費の見直し

引越しにはお金がかかりますが、家賃が１万円安いところに引っ越せば、年に12万円もカットでき、その効果がずっと続きます。

### 電気料金の見直し

電気料金のアンペア数を下げるだけで、基本料金が安くなります。１人暮らしなら、20～30アンペアを目安に。

### 通信費の見直し

格安携帯・格安SIMに乗り換えれば、月の通信費を3000円程度に抑えることも。格安プランでも、一定時間内なら無料通話が可能。

### 節電・節水

消費電力の少ないLEDライトに取り替える、節水効果の高い洗濯機に買い換えるなど、家電購入のタイミングで節約を意識して。

# 変動費の節約術

## 変動費の見直しはムリのない範囲で

食費や被服費、交際費など、さまざまな種類がある変動費。固定費と違い、必要なときにその都度支払うため、予算を決めてやりくりしないと使いすぎてしまうことも。

一方、節約しなければとムリするとストレスになって続きません。バランスを考えて。

## 予算を決めて使う

食費や被服費は、思いのままに使っていると大きく家計を圧迫します。まずは使った金額をレシートで確認。「月にいくらまで」など、ざっくりとでも予算を決めて、その中でやりくりしましょう。

食材のダブり買いや似たような服の衝動買いが多いと感じたら、冷蔵庫やクローゼットの整理を。「今あるもの」をしっかり把握することで、ムダ買いを減らせます。

## クレジットカードの使いすぎに注意！

クレジットカードはお金を使っている感覚を持ちづらく、使いすぎの原因に。カード払いをやめて現金払いにする、即日決済のデビットカードに変えるなどで、管理しやすくなります。

リボ払いはツケと同じ。手数料もかかって負担に

## 変動費の見直しをしよう

生活スタイルによって、変動費のバランスは異なります。見直すときは「来月も同じようにできる？」と問いかけ、続けられるものを選んで。

### 食材買い出しの見直し

安いからと食材をまとめ買いすると、使い切れずムダに。まずは冷蔵庫の中を整理し、足りないものをメモしてから買い出しへ。

### 外食回数の見直し

外食を数回減らすだけで大きな節約に。外食のかわりにお弁当をテイクアウトしたり、豪華ディナーをランチに変更するのも◎。

### 日用品代の見直し

ティッシュや洗剤などの日用品はチラシなどで底値をチェックし、ストックを確認。急に必要になってコンビニに駆け込むと、割高に。

### サンプル品の活用

コスメなどの美容費は、無料サンプルを使ったりモニターになったりすることで自分に合うものを選べば、ムダ買いを減らせます。

# 公的保険でカバーできること

## ケガ・病気にはまず公的保険で補う

お金が貯まるまでにはある程度の期間が必要ですが、貯まる前にケガや病気でまとまったお金が必要になることも。こうした「もしも」に備えてみんなでお金を出し合うのが保険です。加入したばかりでも保険金を受け取れるので安心（↓Ｐ160も参照）。

## 公的保険と私的保険

保険には、大きく分けて2種類があります。加入が義務づけられている「公的保険」と、自由に加入できる「私的保険」です。

公的保険の保障の範囲は、自営業かサラリーマンかでも変わるため、まずは公的保険でどれだけのことが保障されているのか知っておきましょう。

より手厚くしたい部分を見極め、私的保険（↓Ｐ178）で補うと安心です。

職業別・公的保険の比較

| 分野 | 自営業 | 会社員 | 公務員 |
|---|---|---|---|
| 年金 | 国民年金保険 | 厚生年金保険・国民年金保険 | |
| 医療 | 国民健康保険 | 健康保険 | 共済組合 |
| 介護 | 介護保険 | | |
| 労災 | ― | 労災保険 | 共済組合 |
| 失業 | ― | 雇用保険 | ― |

公的保険で足りない分を私的保険でまかないます

## 公的保険の主な種類

社会保険や雇用保険の保険料は、事業主（会社）と被保険者（会社員）が折半で支払います。自営業の人は、加入を忘れずに。

もらえる年金額は
ねんきん定期便で
確認

**社会保険❶ 年金保険**

老後の生活を保障します。加入期間に応じて支払われる国民年金、加入期間とその間の給与に応じて支払われる厚生年金があります。

**社会保険❷ 健康保険**

医療費の７割※を負担したり、高額な医療費や出産などにかかる費用を保障します。

※負担割合は年齢に応じて変化

在宅サービスと
施設サービスがあります

通勤ルート内なら
通勤中のケガも保障

**社会保険❸ 介護保険**

介護状態に応じて、少ない自己負担額でさまざまなサービスを受けられます。市区町村で介護認定を受けることで、利用が可能です。

**労働保険（労災・雇用保険）**

労災保険は仕事中や通勤中の事故などに備える保険で、会社負担です。雇用保険は失業時や休職時にお金を給付する保険です。

# 私的保険を見直すポイント

## ライフステージに合った私的保険を選ぼう

公的保険ではまかないきれない「もしも」に備えるのが私的保険です。保障が手厚いほど安心ですが、必要以上の保険料は家計を圧迫します。必要な保障内容は年齢や家族構成によっても変わるため、入りっぱなしにせず、2~3年ごとに見直しましょう。

## 掛け捨て？　貯蓄？

掛け捨てより貯蓄型の保険のほうが、満期時や解約時にお金が戻ってお得だと思っていませんか？　貯蓄型はそのぶん保険料が高くなることが多く、一概にどちらがいいとは言えません。

また、解約時期によっては戻ってくるお金が払い込んだお金を下回るケースもあるので注意。

## 家族構成で必要な保障は変わる

独身の場合、自分が働けなくなったとき収入を支える「入院給付」つきの医療保険がオススメ。生命保険は自分の死後に生活に困る人がいなければ、加入しないという選択肢もあります。

家族を養っている場合は、万が一のときに残された家族を支える手厚い保障が必要です。現在の収入をもとに、家計を支える人が働けなくなったときに必要な金額を割り出しましょう。

## 私的保険の主な種類

保険の種類によっては、年末調整や確定申告で、払った保険料の一部が所得から控除されます。

私的保険の比較

| 主な目的 | 保険の種類 |
|---|---|
| 生死に関わることを保障 | 定期保険、終身保険、養老保険など |
| 病気やケガを保障 | 医療保険、がん保険、傷害保険など |
| 損害を補償 | 火災保険、地震保険、自動車保険など |



## 私的保険の見直しのポイント

家族構成が変われば、必要な保険は変わります。独身の場合や子どもが独立した夫婦なら、保障内容を抑えて保険料を減らすのもありです。

子どもが独立したら
保障を減らす

オプションが重複
していないかも確認
え〜と
ほけん

### ライフステージに合っている？

子どもの進学を控えているのに万が一の保障が少なかったり、子どもが巣立ったのに保障が多すぎたりしないか、見直しましょう。

### 不要な保障はない？

生命保険に入っているのに医療保険に死亡保障がついているなど、複数の保険で保障内容が重なっていないかチェックしましょう。

# 知っておきたい投資

## 自分に合った投資でお金を増やす

投資とは、株式や債券、投資信託などの金融商品にお金を出して利益を得ることです。預金金利が0・1％に満たない現代では、銀行に預けるだけでお金は増えません。

投資のリターンとリスクの両方を知り、効率よくお金を増やす方法を考えましょう。

運用益の違いで
こんなに違う
預金金利
投資

## 余裕資金で行うのが基本

投資なら、預金より早くお金を増やすことも期待できます。そのぶんリスクもあるため、余ったお金を回すのが基本です。

たとえば、生活費や将来のための先取り貯蓄と「もしも」に備えた100万円程度の貯金を確保したうえで、余った金額を投資するといいでしょう。

次ページで紹介する投資信託なら、少額で投資できる商品もあり、予算に合わせて堅実に行えます。

## 商品を選ぶ参考にしたい72の法則

72を金融商品の金利で割ると、複利（→P171）で運用したときに元本が2倍になるのに何年かかるかがわかります。

例 100万円を年利3％の投資で運用
→ 200万円になるのに24年（72÷3）

預金金利
0.1％なら
720年！

## いろいろな投資

一般的に、高収益な商品ほど元本割れ（購入代金を下回る）のリスクも高く、預金→債券→株式の順にリスクが高くなります。

### 株式

株式会社が発行する「株」を売買し、売却益や配当、株主優待サービスを得る方法。証券会社に口座を持つことで始められます。

### 投資信託

ファンドマネージャーという投資の専門家にお金を預け、運用してもらう方法。１万円未満など、少額で投資できる商品もあります。

### 債券

国や地方自治体などがお金を調達するために発行する「債券」を売買する方法。リスクが少なく、預金より金利が高いのが魅力です。

### 外貨投資

円をドルやユーロなどの外貨にして運用すること。円よりも高いリターンが魅力ですが、為替変動や手数料にも注意しましょう。

投資は証券会社や銀行（株式の場合は証券会社）に口座を開設することで始められます。ネット証券なら手数料が安く、取引時間も自由です。

# NISAでおトクに投資

## 節税しながらおトクにお金を増やす

NISA（ニーサ）とは「少額投資非課税制度」のこと。

通常、投資による利益には約2割の税金がかかりますが、NISAなら一定の範囲内は非課税になり、おトクに投資ができます。

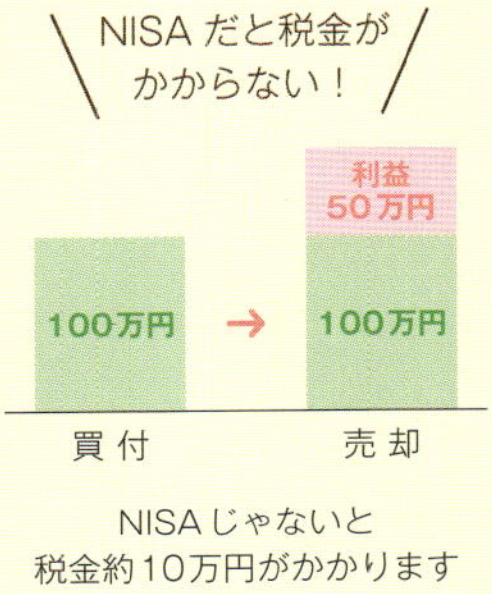
NISAだと税金が
かからない！
利益
50万円
100万円
100万円
買付
売却
NISAじゃないと
税金約10万円がかかります

## NISAは3種類

NISAの注意点は、年間の投資額の上限が決められていること。そのため、頻繁に売買をくり返す投資スタイルより、商品を長く保有して利益を上げるスタイルの方が向いています。

NISAを始めるときは、証券会社や銀行で専用口座を開設します（ネット口座もあります）。

金融機関によって扱う商品や手数料が異なるので、比較検討して決めましょう。

### NISAの種類

| | NISA | つみたてNISA | ジュニアNISA |
|---|---|---|---|
| 対象年齢 | 20歳以上 | | 0～19歳※ |
| 年間投資額 | 120万円まで | 40万円まで | 80万円まで |
| 投資総額 | 最大600万円 | 最大800万円 | 最大400万円 |
| 非課税期間 | 最長5年 | 最長20年 | 最長5年 |

※親権者が代理で運用、18歳まで払い出し制限あり
＊一般NISAとつみたてNISAは選択制（年単位で変更も可能）
＊つみたてNISAは定期的に継続した買付（積立）

## NISAのメリット

投資で得た利益が非課税になるのが最大のメリット。反面、損が出たときに「損益通算」(利益が出た他の口座から、損失額を差し引くこと)をして、税金を減らすことはできません。

一度売却するとその分の非課税投資枠はなくなります

税金がかからずおトク!

### 節税効果がある

株式や投資信託の配当や譲渡益などに税金がかからず、節税しながら投資できます。つみたてNISAなら非課税期間は最長20年に。

### 自由に引き出せる

60歳まで引き出せないiDeCo(→P184)と違い、NISAは必要に応じて売却できるため、制約が少なく、自由な投資が可能です。

## 対象となる金融商品

NISA口座では、すべての金融商品を買えるわけではありません。iDeCoと対象商品が異なることもチェックしておきましょう。

**○ 対象になるもの**

- 上場株式
- 株式投資信託※
- ETF(上場投資信託)※
- REIT(不動産投資信託)など

**× 対象にならないもの**

- 預金
- 保険
- 国債
- 社債
- 個人向け国債
- 公社債投資信託
- FX など

※つみたてNISAは、条件に適合した株式投資信託・ETF

NISAでは、国債や社債といった金融商品は対象にならないことに注意。また、他の口座の金融商品をNISAの口座に移すことはできません。

# iDeCoで老後に備える

## 節税メリットを生かし自分年金で老後に備える

iDeCo（イデコ）とは「個人型確定拠出年金」のこと。自由に加入できる「もう一つの年金」で、自分で掛金を積み立て運用し老後の資金が準備できます。運用中の利益に税金がかからず、掛金が全額所得控除の対象となるため、毎年節税できます。

## 自分のペースで始められる

2017年より対象者が広がり、原則20歳以上60歳未満のほぼすべての人が加入できるように。国民年金基金との組み合わせも可能なため、退職金のない自営業の人などにもオススメ。

あくまで年金という位置づけなので、原則60歳になるまでは引き出せませんが、途中で掛金を増減したり、やりくりが苦しいときは積立をストップしてもOK。自分のペースで確実に老後の資金を貯められます。

### iDeCoの特徴

| | |
|---|---|
| 加入できる人 | ●20歳以上60歳未満の自営業者・専業主婦など<br>●60歳未満の会社員※・公務員（厚生年金加入者）<br>※企業型の加入者は規約でiDeCoの加入が認められている場合のみ可能 |
| 掛金の拠出 | 月額5,000円以上1,000円単位<br>年単位での拠出も可能 |
| 拠出限度額 | 年間14万4,000円～81万6,000円<br>（加入する年金や会社の制度により異なる） |

## iDeCoの特徴

NISAと同様、運用中の利益には税金がかかりません。それに加え、掛金が全額所得控除の対象となり、節税効果が見込めます。

### 自分年金を貯められる

高齢化が進む中、定年後に公的年金だけで生活するのは困難です。iDeCoなら、節税しながら自分用の年金を貯められます。

### いろいろな商品を組み合わせられる

預金や保険商品、投資信託などの商品ラインナップから選択できます。ニーズに合わせて商品を選びましょう。

## iDeCoをスタートするには？

銀行・証券会社などで加入できます。金融機関によって商品ラインナップや手数料が異なるので、事前に確認しましょう。

❶金融機関を選んで加入手続き
↓
❷上限までの金額で掛金を払う
↓
❸運用する商品を選択する（組み合わせも可能）
↓
❹60歳以降にお金を受け取る

お金を受け取れるのは60歳以降で、一時金として一括で受け取る方法と、年金として分割で受け取る方法があります。

４章で紹介した「２年後のライフプラン」を発展させて、必要に応じて長期のプランを立ててみましょう。年間の収支をもとに、貯蓄額を計算できます。

| 年 | 年 | 年 | 年 |
|---|---|---|---|
| 歳 | 歳 | 歳 | 歳 |
| 歳 | 歳 | 歳 | 歳 |
| 歳 | 歳 | 歳 | 歳 |
| 歳 | 歳 | 歳 | 歳 |
| | | | |
| | | | |
| | | | |
| | | | |
| | | | |
| | | | |
| | | | |
| | | | |
| | | | |
| | | | |
| | | | |
| | | | |
| | | | |
| | | | |

## ライフプランシート

| | 西暦 | 年 | 年 |
|---|---|---|---|
| 家族 | 名前 | 歳 | 歳 |
| | 名前 | 歳 | 歳 |
| | 名前 | 歳 | 歳 |
| | 名前 | 歳 | 歳 |
| イベント | 5つの柱（→P144）をもとに、自分や家族のイベントを入れましょう<br>● 仕事 ● 趣味 ● 家族<br>● 友達 ● 健康 | | |
| 収入 | | | |
| | | | |
| | | | |
| | | | |
| | ❶収入合計 | | |
| 支出 | | | |
| | | | |
| | | | |
| | | | |
| | | | |
| | ❷支出合計 | | |
| ❸収支（❶−❷） | | | |
| ❹貯蓄（前年❹＋今年❸） | | | |

手取り年収や特別収入（児童手当など）を記入 → 収入

食費などの生活費や特別支出（イベント代など）を記入 → 支出

| 年 | 年 | 年 | 年 |
|---|---|---|---|
| 歳 | 歳 | 歳 | 歳 |
| 歳 | 歳 | 歳 | 歳 |
| 歳 | 歳 | 歳 | 歳 |
| 歳 | 歳 | 歳 | 歳 |
| | | | |
| | | | |
| | | | |
| | | | |
| | | | |
| | | | |
| | | | |
| | | | |
| | | | |
| | | | |
| | | | |
| | | | |
| | | | |
| | | | |

## ライフプランシート

手取り年収や特別収入（児童手当など）を記入 → 収入

食費などの生活費や特別支出（イベント代など）を記入 → 支出

| | 西暦 | 年 | 年 |
|---|---|---|---|
| 家族 | 名前 | 歳 | 歳 |
| | 名前 | 歳 | 歳 |
| | 名前 | 歳 | 歳 |
| | 名前 | 歳 | 歳 |
| イベント | 5つの柱（→P144）をもとに、自分や家族のイベントを入れましょう<br>● 仕事 ● 趣味 ● 家族<br>● 友達 ● 健康 | | |
| 収入 | | | |
| | | | |
| | | | |
| | | | |
| | ❶収入合計 | | |
| 支出 | | | |
| | | | |
| | | | |
| | | | |
| | | | |
| | ❷支出合計 | | |
| ❸収支（❶－❷） | | | |
| ❹貯蓄（前年❹＋今年❸） | | | |

[監修]

## 根本裕幸（ねもと ひろゆき）

心理カウンセラー

1972年生まれ。大阪府在住。1997年より神戸メンタルサービス代表・平準司氏に師事。2000年よりプロのカウンセラーとして、延べ15,000本以上のカウンセリングと年間100本以上のセミナーを行う。2015年4月よりフリーのカウンセラー、講師、作家として活動を始める。『頑張らなくても愛されて幸せな女性になる方法』、『こじれたココロのほぐし方』、『愛されるのはどっち？』（以上、リベラル社）、『いつも自分のせいにする罪悪感がすーっと消えてなくなる本』（ディスカヴァー・トゥエンティワン）、『敏感すぎるあなたが7日間で自己肯定感をあげる方法』（あさ出版）など、多くの著書を手がける。お金の心理学についてのセミナーが好評を博すほか、テレビやラジオへの出演、企画・制作協力なども多数。

http://nemotohiroyuki.jp

## 森 朱美（もり あけみ）

ファイナンシャルプランナー（CFP®）／株式会社 家計の総合相談センター所属

大手自動車メーカー、グループ金融会社を経て、家計の総合相談センターに入社。東京・名古屋・大阪など全国6拠点でCFP®、税理士、社会保険労務士などのお金の専門家のメンバーとともに来店型相談センターを運営。企業でのライフプランセミナー、上場企業向け確定拠出年金講師、各種マネーセミナーでの講演活動のほか、新聞・雑誌などの執筆、テレビ出演などを通じ、ライフプランや資産運用についてわかりやすくアドバイスしている。

http://www.happylife.ne.jp

[参考文献]

つい「他人軸」になるあなたが7日間で自分らしい生き方を見つける方法（あさ出版）／今さら聞けないお金のギモンをスッキリ！なくす本（リベラル社）／1年で100万円貯められるゆる貯め家計（リベラル社）／夢とお金をガッチリつかむ金トレ!! 改訂版（リベラル社） 他

| | |
|---|---|
| イラスト | すぎやまえみこ |
| 装丁デザイン | 宮下ヨシヲ（サイフォン グラフィカ） |
| 本文デザイン | 渡辺靖子（リベラル社） |
| 編集 | 堀友香（リベラル社） |
| 編集人 | 伊藤光恵（リベラル社） |
| 営業 | 津村卓（リベラル社） |

編集部　山田吉之・山中裕加
営業部　津田滋春・廣田修・青木ちはる・榎正樹・澤順二・大野勝司

**お金が貯まる心を育てる 貯めマインド**

2019年8月29日　初版

編　集　リベラル社
発行者　隅田 直樹
発行所　株式会社 リベラル社
〒460-0008 名古屋市中区栄3-7-9 新鏡栄ビル8F
TEL 052-261-9101　FAX 052-261-9134　http://liberalsya.com
発　売　株式会社 星雲社
〒112-0005 東京都文京区水道1-3-30
TEL 03-3868-3275


　ISBN978-4-434-26443-6

夢とお金をガッチリつかむ

**金トレ!! 改訂版**

［監修］森朱美（FP）

人気のお金コミック実用書が、最新情報を盛り込み大幅リニューアル！貯金・保険・投資の基本から、NISA や iDeCo の仕組みまで、やさしく紹介。

B6判／196ページ／1,100円＋税

1年で100万円貯められる

**ゆる貯め家計**

［監修］横山光昭（家計再生コンサルタント・FP）

「お金を楽しく使ってしっかり貯めるコツ」をコミックでわかりやすく紹介。掲載されている貯めワザをすぐに実践できる、家計簿付き！

A5判／160ページ／1,200円＋税